JN025295

医療・
福祉担当者、
利用者の
素朴な疑問にこたえる

年金・社会保障ガイド

特定社会保険労務士・社会福祉士・精神保健福祉士

脇 美由紀 ［著］
Waki Miyuki

中央経済社

はじめに

「お金がなくて，病院にかかることができない」
「障害があるので，思うように働くことができない」
「私は障害年金を受けることができるのか」

病気になったりケガを負ったりした人には，多くの不安がつきまといます。

このような人たちに対して，医療・福祉の現場で活動されている皆さまは，寄り添い，サポートをしてくださり，本当に心強い存在です。
　身近にいて，信頼できる存在であるからこそ，さまざまな相談や悩みを聞く機会も多いでしょう。

　自身の病気のこと，家族のこと，仕事の復帰など，心配事は人それぞれですが，とりわけ，「お金」にかかわる相談も多くなります。

　しかし，専門外のことを聞かれると対応しかねることも多いと聞きます。
　「間違って伝えるわけにいかないので，専門外のことは，あえて答えないようにしている」とおっしゃる人もいました。

　たとえば，
　「歩くのが大変で仕事ができない。障害年金を受けることができないか？」

　このような相談を受けたとき，どのように対応されるでしょうか。
　ワーカーのＡさんは，次のように答えました。

「専門外なので，私にはわかりません」
　お金にかかわる大切なことだからこそ，簡単に回答はできないと考え，この

ように答えたようです。この回答はけっして間違っていません。

　ただ，このあと，相談者は障害年金の受給をあきらめてしまいました。

　「何でも知っている専門家のワーカーさんでさえわからないのだから，どこに聞いてもわからないに決まっている」

　そう考えたからです。
　そして数年後，障害年金を受けられる可能性があることを知人から聞き，手続をしようと思ったところ，すでに受給できる年齢を超えていました。

　「あのとき，違うところで，相談しておけばよかった」

と悔やんでも，障害年金を受けることは一生できません。

　ワーカーのBさんも，同じような相談を受けました。
　Bさんは，障害年金のことを少しだけ勉強していました。相談者の足の状態をザックリと聞いて，次のようにアドバイスしました。

　「私は詳しくわからないけど，障害年金を受けられる可能性があるかもしれないので，年金事務所に行って聞いてみてはどうでしょう」

　杖を利用しないと歩けない状態の相談者について，「障害年金が受給できる」との判断まではできないものの，「障害年金を受給できる可能性があるかもしれない」と考えました。
　Bさんのアドバイスを受けて，相談者は年金事務所に行きました。
　初めて病院にかかった日のことなどを聞かれ，障害年金の請求のために必要な書類の説明がありました。
　年金事務所でも「受給できるかどうかはわからない」といわれました。

　そして，説明のとおりに書類を揃えて請求手続を行ったところ，数カ月後に，障害年金を受給できるとの連絡が来ました。

　「あのとき，ワーカーさんに教えてもらって本当に助かった」

　このように，おっしゃっていました。

　私は社会保障の専門家である社会保険労務士として，これまで1万人以上の相談を受けてきました。障害のある子ども，高齢者，そのご家族からの多様なサポートに携わってきています。

　「こんな制度があることを誰も教えてくれなかった」
　「病院や施設で教えてくれてさえいれば，こんな苦労はしなかったのに」

と後悔する様子をたくさん見てきた一方で，

　「あのとき，病院で制度があることを教えてくれたので助かった」
　「一度聞いてみたら？　と，支援者さんにアドバイスをもらったのです」

と感謝している様子も見てきました。

　たとえば，障害年金制度を知っている人は「障害年金が受けられるか？」と質問してきますが，制度そのものを知らない人は，質問すらできません。
　実際に，制度を知らなかったことによって，手続のタイミングを逸してしまったり，取返しのつかない事態になったりしています。
　国や都道府県が，利用できる制度の案内をしてくれればよいのですが，「あなたは条件に該当しているので手続をしてください」などと連絡が来ることは，ほとんどありません。条件に該当しているとしても，こちらから手続を行わない限り，当然に利用できるはずもありません。

　障害年金だけではありません。

　医療費の支払が大変なときは，支払が軽減される制度があります。

　経済的な負担を軽減するための，さまざまな助成金も設けられています。

　毎月支払っている保険料を少なくすることもできるかもしれません。

　受けられるサービスは活用できているでしょうか。

　受けられる手当や給付金はすべて請求しているでしょうか。

　制度の存在さえ知っていれば，活用できるかもしれないのです。

　安定した生活をしていくには，お金が必要になることはいうまでもありません。

　責任感が強いがゆえに，きちんとしたアドバイスをしなければならないと思うことも多いようですが，制度の存在を知らせるだけでも，とても大きなサポートになります。

　「こんな制度があるから一度聞いてみたら？」

　このひと言が公的な制度に「つなぐ」役割を果たし，多くの人を救っています。障害年金や助成金やサービスを利用できるようになり，救われている人がたくさんいます。

　一時的なものでなく，一生利用できる制度であることも多く，利用できるか，できないかの違いは，とても大きいです。

　本書は，医療，福祉，障害年金，控除，助成金などの，さまざまな「使える制度」について記載しています。

　項目によっては，プロである皆さまのほうがよくご存知の内容も含まれていると思います。

　一方で，皆さまの専門外のこともあるでしょう。

　これらは，専門外のことだからこそ，知っておいていただきたい内容です。

　お忙しい皆さまにとって，活用しやすい内容にこだわりました。「深くしっかりと理解する」でなく，「広く必要な知識を得る」ことを目的にしています。とにかく，お忙しい皆さまが多くの時間をかけずに，利用していただけるように心がけました。そのため，詳しい説明は省略している部分があります。また，すぐに使っていただけるように，必要性が高い項目には「説明用資料」を入れてあります。

　医療や福祉の力が必要な人たちへのサポートの１つとして，本書をぜひ活用いただければ幸いに思います。

2022年6月

社会保険労務士，社会福祉士，精神保健福祉士

脇　美由紀

　本書は2022年4月現在の情報をもとに作成しています。掲載されている情報につきましては，ご利用時に変更されている場合もありますので，あらかじめご了承ください。

目　次

第2章

働けないときに利用できる制度

第3章

障害があるときに利用できる制度

第4章

生活安定のための「社会手当」

第5章

仕事と生活の安定のための制度

第6章

生活に困窮したときの制度

◆説明用資料

第1章

医療費の負担を減らす制度

「医療費が高くて，家計が大変だ」
「医療費が高くて，受診ができない」

　病気やケガのある人は，通院代などの医療費がかかる一方で，思うように働くことができず，収入がなくなったり減ったりします。
　高齢の人のなかには，唯一の収入源である年金額が少なかったり，もらっていなかったりする人もいます。

　数回の受診なら何とかなっても，長期にわたる受診が必要だったり，入院や手術が必要だったりするときには，医療費はより大きな負担です。
　そんなときに医療費を減らす制度を利用できるかもしれません。
　それも，複数の制度を利用できるかもしれません。

　第1章は，医療保険制度です。
　医療保険制度はとても複雑で多岐にわたりますが，家計に直結する「医療費負担を減らす」ことに焦点を当て，次の3つを取り上げています。

　　1．医療保険制度を活用して医療費を安くする
　　2．助成金制度を活用して負担を少なくする
　　3．医療費控除を活用して支払う税金を安くする

　医療費に関することで困っている人がいたら，「こんな制度があるよ」とお伝えすることで，次につなぐことができます。

Ⅰ　医療保険制度を活用する

医療保険制度は，とても複雑な制度です。全部を理解しようとすると大変ですが，身近な制度を知っておくだけでも，活用できることは多いです。

1　医療保険制度を大まかに確認

医療保険には絶対に入らなくてはいけないの？

　日本に住んでいる間，私たちは必ず何かしらの医療保険に加入します。加入する医療保険は働き方や年齢によって異なります。

➢ 医療保険には一生加入する

　医療費や健康保険に関する相談を受けるとき，まず知っておきたいことは次の2つです。

- 誰もがどこかの医療保険に加入している
- 働き方や年齢によって加入する医療保険が違う

　私たちは日本に住んでいる間，必ず何かしらの医療保険に加入します。加入する医療保険は，働き方や年齢によって異なります。

　「そんなこと，当たり前のことですよ」と思われるかもしれませんが，そこを意識することにより，保険料負担を減らしたり，軽減制度を利用したりするときに役立ちます。大まかに，それぞれの医療保険を確認します。

➢ 勤めている人は健康保険

　75歳未満は「健康保険」か「国民健康保険」です。「健康保険」に入るのは会社に勤める人で，「健康保険組合」または「全国健康保険協会（協会けんぽ）」です。たとえば，大きな会社は会社独自の健康保険組合を作っているこ

とがあり，そこで働く人たちは会社の健康保険組合に加入しています。健康保険組合のない会社で働く人は，協会けんぽに加入します。つまり，会社に勤める人は，加入する健康保険を自分で選ぶのではなく，どこに勤めるかによって自動的に決まります。

　また，会社の健康保険に加入する人は，家族を被扶養者にすることができます。たとえば，夫が会社員で妻が専業主婦のケースでは，夫と妻ともに会社の健康保険に加入します。妻には収入などの要件があります（80頁）。

　なお，公務員や私立学校教職員とその被扶養者は共済保険，船員とその被扶養者は船員保険に加入しますが，なかには協会けんぽに加入する人もいます。

➤ 健康保険でなければ国民健康保険

　健康保険の対象でない人は「国民健康保険」に加入します。地域の健康保険である「国民健康保険（市町村国保）」に入るのは，自営業者，個人事業主，非正規雇用者，無職の人などです。国民健康保険には被扶養者の考え方はなく，家族も被保険者の扱いです。「国民健康保険組合」は，同じ事業や業務に従事している人で構成される職域の健康保険組合です。

➤75歳になると後期高齢者医療制度

　75歳になると，すべての人が「後期高齢者医療制度」に移ります。そのため，たとえば，夫75歳以上で妻75歳未満のときは，夫婦が異なる医療保険に加入することになります（85頁）。

誰もがどこかの医療保険に加入している

【公的医療保険の種類】

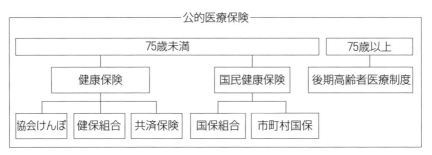

※ 生活保護を受給している人（202頁）や，一部の日本国籍のない人など，医療保険に加入していない人もいます。

2　保険給付のしくみ

加入する医療保険によって何か違うの？

加入する医療保険が違っていても，保険給付のしくみは共通です。

➢ 医療保険の給付のしくみは共通

　加入する医療保険が違っても，保険給付のしくみは基本的に共通です。健康保険に加入している人だけが受けられる傷病手当金（56頁）などの給付はあるものの，その他の内容に大きな違いはありません。

　たとえば，健康保険に加入している人と国民健康保険に加入している人が受けられる医療には差がありません。すべての医療保険において，高額療養費制度も利用できます。

■医療保険制度の主な給付

	健康保険・共済保険	国民健康保険・後期高齢者医療制度
療養の給付	医療費の一部負担割合３割など	
訪問看護療養費	訪問看護にかかった費用の一部負担割合３割など	
入院時食事療養費	食事療養標準負担額：１食460円（低所得者等の軽減あり）	
高額療養費	年齢と所得区分による自己負担限度額	
出産育児一時金	原則42万円（後期高齢者医療制度は定めなし）	
傷病手当金	１年６カ月分支給	任意給付
出産手当金	産休中に支給	

3　健康保険証とは

医療費について，どこに聞けばいいの？

> 健康保険証を見れば加入する医療保険が記載してあります。

＞ 加入する医療保険が相談窓口

　医療費に関する相談は，加入する医療保険が窓口です。個人的なケースについて相談されたときは，加入する医療保険に問い合わせるようにつなげます。しかし，自分が加入している医療保険がわからない人は意外と多いです。また，加入している医療保険の連絡先がわからないとおっしゃる人もいます。

　そんなときは，「健康保険証（医療保険証）」を確認します。それぞれの医療保険によって様式は異なりますが，加入の「証し」なので必ず加入している医療保険者名が記載されています。

　　　医療費などの相談窓口は，それぞれが加入する医療保険

■健康保険証の記載例

加入する医療保険　→	○○県国民健康保険 被保険者証	有効期限　　令和4年9月30日 交付年月日　令和3年10月1日 記号番号　　1111111

氏名	高橋　裕子
生年月日	昭和53年6月2日　性別　女
適用開始年月日	令和3年7月1日
世帯主名	高橋　克己
世帯主住所	○○市○○町4-5-6

| 保険者番号 | □□□□□□□ | 印 |
| 交付者　　○○県○○市 | | |

4　医療費の一部負担額

> 病院で支払う金額って高すぎない？

　病院の窓口で支払う金額が高いと思っている人は多いです。しかし，払っ
ているのは医療費の一部です。残りは加入する医療保険が負担しています。

➤ 医療費の一部負担割合

　病院にかかるときは，窓口で健康保険証を示すことによって窓口負担額のみ
が請求されます。窓口負担額は医療費の一部であり，多くの人が「総医療費の
3割」を支払います。総医療費とは保険適用される診察費用の総額（10割）を
いいます。

　たとえば，総医療費が1万円の場合には，窓口で3千円を支払い，残りの
7千円は加入する医療保険が負担しています。この負担割合は，年齢や所得に
よって異なり，小学生から70歳未満が3割，就学前の子どもと70歳から74歳ま
でが2割，75歳以上が1割（現役並みの所得がある70歳以上は3割）です。

　窓口で支払う金額（一部負担割合）は，「総医療費の3割」が基本

【医療費の一部負担割合（窓口支払額）】

	一般・低所得者	現役並み所得者
75歳〜	1割	3割
70歳〜	2割	
6歳〜	3割 （義務教育就学後）	
0歳〜	2割	

※　75歳以上の1割負担の人のうち，所得が一定額以上ある人には2022年10月から「2割負担」が導
入されます。

5　医療費負担を減らす制度

医療費を払うのが大変です。

手術や入院，療養が長期になると，医療費の負担が大きくなります。
そんなときに利用できる制度が複数あります。

➢ 利用できる制度の概要

　医療費の一部を負担すればよいとはいえ，手術や入院，療養が長期になる
と，家計の大きな負担です。医療費が払えないことを理由に通院をやめる人さ
えいます。そのようなとき，医療費の負担を少なくする制度を利用できるかも
しれません。また，助成金の活用や保険料の見直しができるときもあります。
要件を満たせば，複数の制度を利用することができます。

医療費の負担を軽くするための制度を利用する

医療費の負担を減らすための方法として下記が考えられます。

- 高額療養費制度を活用する（8頁）
- 助成金制度を活用する（28頁）
- 医療費控除を活用する（52頁）
- 医療保険料の負担を少なくする（72頁）

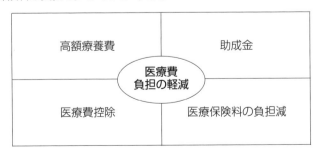

6　高額療養費制度の活用

高額の医療費を請求されているんだけど
何とかならない？

　　1カ月間に支払った医療費が高額になったときには「高額療養費制度」が
利用できます。医療費の一部が戻ってきます。

➤ 高額療養費の対象

　高額療養費は，1カ月に支払った医療費が高額のとき，基準（自己負担限度額）を超えた部分の払い戻しを受ける制度です。その対象は，保険適用の診療費，治療費，薬代等です。

➤ 自己負担限度額

　高額療養費の自己負担限度額は，次頁の図のように年齢や所得によって何段階にも分かれています。健康保険の人は標準報酬月額（60頁），国民健康保険や後期高齢者医療制度の人は年間所得による区分です。

　高額療養費の計算には多くのルールがあり，下記はその一部です。

- ☑ 　同じ医療機関であっても外来と入院は分けて計算する
- ☑ 　あん摩マッサージの施術，鍼灸，食事療養費，差額ベッド代，寝具代，診断書代などの医療保険対象外のものは対象にならない
- ☑ 　同じ月に複数の医療機関で治療を受けたときは合算できる。ただし70歳未満の人は1つの医療機関の1カ月の窓口負担額が21,000円以上の場合が対象になる
- ☑ 　世帯内で同じ医療保険に加入している人の分も合算することができる
- ☑ 　直近の12カ月間に3回以上該当したときは「多数回該当」の基準になる

健康保険組合独自の付加給付があったり，申請が不要のところもあったりするので，具体的な相談については，加入する医療保険につなげるアドバイスが有効です。

【70歳未満の高額療養費の自己負担限度額（1カ月）】

健康保険標準報酬月額

26万円以下	28万円～50万円	53万円～79万円	83万円以上

国民健康保険年間所得

住民税非課税	210万円以下	210万円超～600万円以下	600万円超～901万円以下	901万円超

高額療養費

自己負担限度額

			167,400円＋（総医療費－558,000円）×1%	252,600円＋（総医療費－842,000円）×1%
		80,100円＋（総医療費－267,000円）×1%		（140,100円）
	57,600円		（93,000円）	
35,400円	（44,400円）			
（24,600円）				

※　（　）は多数回該当。過去12カ月以内に3回以上高額療養費に該当時の4月目からの基準額。

【70歳以上の高額療養費の自己負担限度額（1カ月）】

健康保険標準報酬月額

26万円以下	28万円～50万円	53万円～79万円	83万円以上

国民健康保険・後期高齢者医療

住民税非課税世帯 総所得金額0円	左記以外の世帯	課税所得145万円未満等	課税所得145万円以上	課税所得380万円以上	課税所得690万円以上

高額療養費

自己負担限度額

					252,600円＋（総医療費－842,000円）×1%
				167,400円＋（総医療費－558,000円）×1%	（140,100円）
			80,100円＋（総医療費－267,000円）×1%		
		57,600円		（93,000円）	
15,000円	24,600円	【18,000円】	（44,400円）		
【8,000円】	【8,000円】				

※　（　）は多数回該当。過去12カ月以内に3回以上高額療養費に該当時の4月目からの基準額。
※　【　】は外来限度額。年間上限額144,000円が設けられています。

7   高額療養費は1カ月単位

自己負担額が15万円なら高額療養費の対象ですよね？

　医療を受けるタイミングによって，払い戻される金額に大きな差が生じることがあります。

➢ 高額療養費の対象となる基準

「医療費を窓口で15万円支払いました。高額療養費の対象になりますよね？」このように聞かれたら，どのように答えますか。

限度額（前頁の図）からみれば，所得がかなり高い人以外は対象になりそうです。しかし，医療を受けるタイミングによっては，高額療養費の対象にならなかったり，払い戻される金額に大きな差が生じたりすることがあるので注意が必要です。

➢ 高額療養費の計算は月単位

高額療養費は月単位で計算されます。月単位とは同じ月内（1日から月末まで）ということです。自己負担限度額も月単位で適用されます。たとえば，20日間の入院が必要な場合，入院期間が同じ月内にあるのと，月をまたぐのとでは，返戻される高額療養費の金額が異なります。次頁の事例で，払い戻される額に「差」があることをご確認ください。

　　医療を受けるタイミングによって，払い戻される金額が違う

医療を受ける時期を自由に決めることができるのであれば，そのタイミングを調整することによって，多くの払い戻しを受けることができるかもしれません。

【医療を受けるタイミングによる自己負担額の違い】

●20日間の入院で，医療費30万円（窓口負担額）を支払ったとき
（標準報酬額28万円の人）

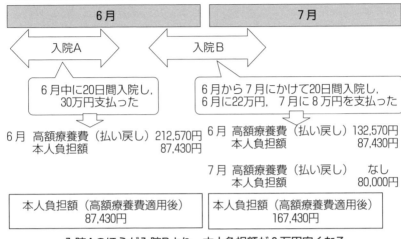

| 6月 | 7月 |

入院A

入院B

6月中に20日間入院し，30万円支払った

6月から7月にかけて20日間入院し，6月に22万円，7月に8万円を支払った

6月　高額療養費（払い戻し）212,570円
　　　本人負担額　　　　　　　87,430円

6月　高額療養費（払い戻し）132,570円
　　　本人負担額　　　　　　　87,430円

7月　高額療養費（払い戻し）　なし
　　　本人負担額　　　　　　　80,000円

本人負担額（高額療養費適用後）
87,430円

本人負担額（高額療養費適用後）
167,430円

入院Aのほうが入院Bより，本人負担額が8万円安くなる

●10日間の入院で，医療費15万円（窓口負担額）を支払ったとき
（標準報酬額28万円の人）

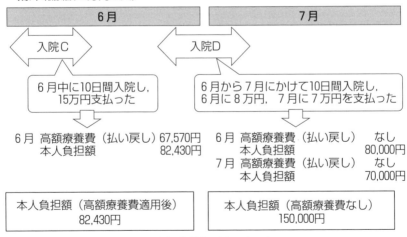

| 6月 | 7月 |

入院C

入院D

6月中に10日間入院し，15万円支払った

6月から7月にかけて10日間入院し，6月に8万円，7月に7万円を支払った

6月　高額療養費（払い戻し）67,570円
　　　本人負担額　　　　　　82,430円

6月　高額療養費（払い戻し）　なし
　　　本人負担額　　　　　　80,000円
7月　高額療養費（払い戻し）　なし
　　　本人負担額　　　　　　70,000円

本人負担額（高額療養費適用後）
82,430円

本人負担額（高額療養費なし）
150,000円

入院Dは高額療養費が適用されない

◆説明用資料１　健康保険（70歳未満）高額療養費制度

健康保険（70歳未満の人）の高額療養費制度

高額療養費は，１カ月（１日から末日まで）に医療機関や薬局の窓口で支払った金額が上限を超えた場合に，支払った額から自己負担限度額を差し引いた額が還付される制度です。還付まで２～３カ月かかります。

➢ **申請方法**

申請窓口……所属している健康保険組合，協会けんぽの各都道府県支部

手続方法……①「高額療養費支給申請書」を加入中の健康保険から受け取る

　　　　　　②必要事項を記入して，健康保険の窓口に提出

必要書類……健康保険被保険者証，医療費の領収書，預金通帳など

※　詳細は加入の健康保険で確認。

➢ **自己負担限度額**

区分	自己負担限度額（１カ月）		
標準報酬月額	通常		多数回該当
83万円～	252,600円＋（総医療費－842,000円）×１％		140,100円
53万円～79万円	167,400円＋（総医療費－558,000円）×１％		93,000円
28万円～50万円	80,100円＋（総医療費－267,000円）×１％		44,400円
～26万円	57,600円		44,400円
住民税の非課税者等	35,400円		24,600円

【例】１カ月の総医療費が100万円のとき（標準報酬月額28万円の人）

　　　①30万円（総医療費の３割）を医療機関の窓口で支払う

　　　②高額療養費を申請すると，212,570円が払い戻される

　　　　80,100円＋（100万円－267,000円）×１％＝87,430円（自己負担限度額）

　　　　30万円－87,430円＝212,570円

- 差額ベッド代や保険対象外の医療費は対象になりません。
- 複数の病院での受診，１つの病院での入院・通院等の複数回受診，家族の受診にかかる医療費を合算することができます。なお，家族が後期高齢者医療制度，他の健康保険に加入しているときは合算できません。
- 合算できる医療費は，１医療機関の１カ月の窓口負担額が21,000円以上のものに限られます。
- 多数回該当は，直近12カ月間で３回以上高額療養費制度を利用した場合の４月目からの自己負担限度額です。

◆説明用資料2 国民健康保険（70歳未満）高額療養費制度

国民健康保険（70歳未満の人）の高額療養費制度

高額療養費は，1カ月（1日から末日まで）に医療機関や薬局の窓口で支払った金額が上限を超えた場合に，支払った額から自己負担限度額を差し引いた額が還付される制度です。還付まで2～3カ月かかります。

> **申請方法**

申請窓口……お住まいの市区町村の国民健康保険担当課
手続方法……①診察月の約2～3カ月後に担当課から申請書が送付される
　　　　　　　（届かないときは担当課に問い合わせること）
　　　　　　②必要事項を記入して，申請の手続を行う
必要書類……国民健康保険被保険者証，医療費の領収書，預金通帳など
　　　　　　※ 詳細は担当課で確認。

> **自己負担限度額**

区分 年間所得	自己負担限度額（1カ月）	
	通常	多数回該当
901万円超	252,600円＋（総医療費－842,000円）×1%	140,100円
600万円超	167,400円＋（総医療費－558,000円）×1%	93,000円
210万円超	80,100円＋（総医療費－267,000円）×1%	44,400円
210万円以下	57,600円	44,400円
住民税の非課税者等	35,400円	24,600円

【例】 1カ月の総医療費が100万円のとき（年間所得210万円超の人）
　　①30万円（総医療費の3割）を医療機関の窓口で支払う
　　②高額療養費を申請すると，212,570円が払い戻しされる
　　　80,100円＋（100万円－267,000円）×1%＝87,430円（自己負担限度額）
　　　30万円－87,430円＝212,570円

- 差額ベッド代や保険対象外の医療費は対象になりません。
- 複数の病院での受診，1つの病院での入院・通院等の複数回受診，家族の受診にかかる医療費を合算することができます。なお，家族が後期高齢者医療制度，他の健康保険に加入しているときは合算できません。
- 合算できる医療費は，1医療機関の1カ月の窓口負担額が21,000円以上のものに限られます。
- 多数回該当は，直近12カ月間で3回以上高額療養費制度を利用した場合の4月目からの自己負担限度額です。

◆説明用資料3　健康保険（70歳以上75歳未満）高額療養費制度

健康保険（70歳以上75歳未満の人）の高額療養費制度

　高額療養費は，1カ月（1日から末日まで）に医療機関や薬局の窓口で支払った金額が上限を超えた場合に，支払った額から自己負担限度額を差し引いた額が還付される制度です。還付まで2～3カ月かかります。

➢ 申請方法

　申請窓口……所属している健康保険組合，協会けんぽの各都道府県支部
　手続方法……「高額療養費支給申請書」を加入中の健康保険の窓口に提出
　　　　　　　※　健康保険組合の判断で手続が簡素化される場合あり。
　必要書類……健康保険被保険者証，医療費の領収書，預金通帳など
　　　　　　　※　詳細は加入の健康保険で確認。

➢ 自己負担限度額

区分	自己負担限度額（1カ月）		
標準報酬月額	外来（個人）	外来・入院（世帯）	多数回該当
83万円～	252,600円＋（総医療費－842,000円）×1％		140,100円
53万円～79万円	167,400円＋（総医療費－558,000円）×1％		93,000円
28万円～50万円	80,100円＋（総医療費－267,000円）×1％		44,400円
～26万円	18,000円（年間上限14.4万円）	57,600円	44,400円
被保険者が住民税の非課税者等	8,000円	24,600円	―
被保険者とその扶養家族に所得がない		15,000円	―

【例】1カ月の総医療費が100万円のとき（標準報酬月額28万円の人）
　　　①30万円（総医療費の3割）を医療機関の窓口で支払う
　　　②高額療養費を申請すると，212,570円が払い戻しされる
　　　　80,100円＋（100万円－267,000円）×1％＝87,430円（自己負担限度額）
　　　　30万円－87,430円＝212,570円

- 差額ベッド代や保険対象外の医療費は対象になりません。
- 多数回該当は，直近12カ月間で3回以上高額療養費制度を利用した場合の4月目からの自己負担限度額です。

【限度額適用認定証】
窓口で支払う医療費を自己負担限度額までにする認定証があります。
申請は加入する健康保険でご確認ください。

◆説明用資料４　国民健康保険（70歳以上75歳未満）高額療養費制度

国民健康保険（70歳以上75歳未満の人）の高額療養費制度

　高額療養費は，１カ月（１日から末日まで）に医療機関や薬局の窓口で支払った金額が上限を超えた場合に，支払った額から自己負担限度額を差し引いた額が還付される制度です。還付まで２〜３カ月かかります。

➤ **申請方法**

　申請窓口……お住まいの市区町村の国民健康保険担当課

　手続方法……「高額療養費支給申請書」に必要事項を記入して窓口に提出
　　　　※　市区町村の判断で手続が簡素化される場合あり。

　必要書類……国民健康保険被保険者証，医療費の領収書，預金通帳など
　　　　※　詳細は担当課で確認。

➤ **自己負担限度額**

区分	自己負担限度額（１カ月）		
課税所得	外来（個人）	外来・入院（世帯）	多数回該当
690万円以上	252,600円＋（総医療費－842,000円）×１％		140,100円
380万円以上	167,400円＋（総医療費－558,000円）×１％		93,000円
145万円以上	80,100円＋（総医療費－267,000円）×１％		44,400円
145万円未満等	18,000円（年間上限14.4万円）	57,600円	44,400円
市民税非課税世帯で下記以外	8,000円	24,600円	―
世帯全員の所得が0円	8,000円	15,000円	―

【例】１カ月の総医療費が100万円のとき（課税所得145万円の人）
　　①30万円（総医療費の３割）を医療機関の窓口で支払う
　　②高額療養費を申請すると，212,570円が払い戻しされる
　　　80,100円＋（100万円－267,000円）×１％＝87,430円（自己負担限度額）
　　　30万円－87,430円＝212,570円

- 差額ベッド代や保険対象外の医療費は対象になりません。
- 多数回該当は，直近12カ月間で３回以上高額療養費制度を利用した場合の４月目からの自己負担限度額です。

【限度額適用認定証】
窓口で支払う医療費を自己負担限度額までにする認定証があります。
お住まいの市区町村の国民健康保険担当課でご確認ください。

8　限度額適用認定証の活用

いったん窓口で払うお金がないときは？

　窓口支払を自己負担限度額までに抑える「限度額適用認定証」を活用する方法があります。医療費が高額になることがわかっているときは便利です。

➢ 限度額適用認定証とは

　限度額適用認定証を医療機関の窓口に提示することにより，1カ月に支払う医療費の窓口負担額を高額療養費の自己負担限度額までに抑えることができます。事後に高額療養費の支給申請を行う手間も省けますので，入院などで医療費が高額になりそうなときは，利用すると便利です。あらかじめ，所属する医療保険に申請書を提出する必要があります。遡って交付されないので，早めの手続が必要です。なお，住民税非課税者などの低所得者には，申請により限度額適用・標準負担額減額認定証が発行されます。窓口での支払が自己負担限度額までになり，入院したときの食事代が減額されます。

　　入院などで医療費が高額になりそうなときは限度額適用認定証

➢ 高額療養費の申請も必要なとき

　限度額適用認定証は病院や保険薬局ごとに適用され，また同一病院であっても入院と外来，医科と歯科は別計算です。そのため限度額適用認定証を利用しても，1カ月に支払った窓口負担額（70歳未満は21,000円を超えたもの）の合計額が自己負担限度額を超えることがあります。このようなときは，後日に高額療養費の支給申請が必要です。

　たとえば，がんの治療のため，大きな病院で抗がん治療を受けながら，近くの病院で転移部位の治療を受けていたケースでは，限度額適用認定証を利用したうえで，後日に高額療養費の申請も行っています。

➢ マイナンバーカードで受診したとき

　マイナンバーカードを健康保険証の代わりに提示して受診したときは，限度額適用認定証の交付を受けなくても，窓口への支払が自己負担限度額までになります。また，70歳以上の一部の所得区分においても自動的に自己負担限度額が適用されています。相談窓口は加入する医療保険です。

【高額療養費制度と限度額適用認定証】

▶高額療養費制度を利用（限度額適用認定証を利用しない）

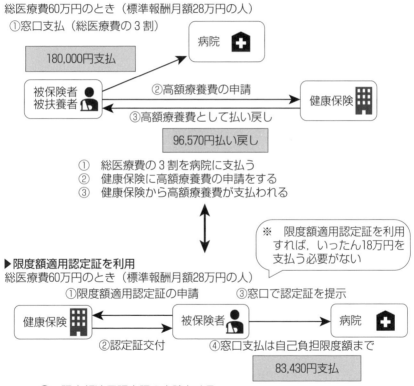

総医療費60万円のとき（標準報酬月額28万円の人）
　①窓口支払（総医療費の３割）

180,000円支払

病院

被保険者
被扶養者　②高額療養費の申請　健康保険
　③高額療養費として払い戻し

96,570円払い戻し

① 　総医療費の３割を病院に支払う
② 　健康保険に高額療養費の申請をする
③ 　健康保険から高額療養費が支払われる

※ 　限度額適用認定証を利用すれば，いったん18万円を支払う必要がない

▶限度額適用認定証を利用
総医療費60万円のとき（標準報酬月額28万円の人）
　①限度額適用認定証の申請　　③窓口で認定証を提示

健康保険　　被保険者　　病院

②認定証交付　　④窓口支払は自己負担限度額まで

83,430円支払

① 　限度額適用認定証の申請をする
② 　限度額適用認定証が交付される
③ 　医療機関の窓口で限度額適用認定証を提示する
④ 　支払額が自己負担限度額までになる

◆説明用資料5　健康保険（70歳未満）高額療養費（限度額適用認定証）

健康保険（70歳未満の人）の限度額適用認定証

　限度額適用認定証の手続を行うことにより，医療機関の窓口で支払う医療費が自己負担限度額までになります。

➢ 申請と利用方法

　申請窓口……所属している健康保険組合，協会けんぽの各都道府県支部

　手続方法……①「限度額適用認定申請書」を提出する

　　　　　　　②「限度額適用認定証」が交付される

　利用方法……「限度額適用認定証」を提示して医療機関を受診する

　　　　　　※　低所得者は「限度額適用・標準負担額減額認定証」の手続を行う。

➢ 自己負担限度額

区分 標準報酬月額	自己負担限度額（1カ月）	
	通常	多数回該当
83万円～	252,600円＋（総医療費－842,000円）×1％	140,100円
53万円～79万円	167,400円＋（総医療費－558,000円）×1％	93,000円
28万円～50万円	80,100円＋（総医療費－267,000円）×1％	44,400円
～26万円	57,600円	44,400円
住民税の非課税者等	35,400円	24,600円

【例】1カ月の総医療費が100万円のとき（標準報酬月額28万円の人）
　　　①前もって「限度額適用認定証」を提示
　　　②医療機関の窓口支払は，87,430円（自己負担限度額）
　　　　80,100円＋（100万円－267,000円）×1％＝87,430円

- 差額ベッド代や保険対象外の医療費は対象になりません。
- 複数の病院での受診，1つの病院での入院・通院等の複数回受診，家族の受診にかかる医療費を合算することができます。なお，家族が後期高齢者医療制度，他の健康保険に加入しているときは合算できません。
- 合算できる医療費は，1医療機関の1カ月の窓口負担額が21,000円以上のものに限られます。
- 多数回該当は，直近12カ月間で3回以上高額療養費制度を利用した場合の4月目からの自己負担限度額です。

◆説明用資料6　国民健康保険（70歳未満）高額療養費（限度額適用認定証）

国民健康保険（70歳未満の人）の限度額適用認定証

　限度額適用認定証の手続を行うことにより，医療機関の窓口で支払う医療費が自己負担限度額までになります。

➢ **申請と利用方法**

　　申請窓口……お住まいの市区町村の国民健康保険担当課

　　手続方法……①「限度額適用認定申請書」を提出する

　　　　　　　　②「限度額適用認定証」が交付される

　　利用方法……「限度額適用認定証」を提示して医療機関を受診する

　　　　　　※　低所得者は「限度額適用・標準負担額減額認定証」の手続を行う。

➢ **自己負担限度額**

区分 年間所得	自己負担限度額（1カ月）		多数回該当
	通常		
901万円超	252,600円＋（総医療費－842,000円）×1％		140,100円
600万円超	167,400円＋（総医療費－558,000円）×1％		93,000円
210万円超	80,100円＋（総医療費－267,000円）×1％		44,400円
210万円以下	57,600円		44,400円
住民税の非課税者等	35,400円		24,600円

【例】　1カ月の総医療費が100万円のとき（年間所得300万円の人）

　　　①前もって「限度額適用認定証」を提示

　　　②医療機関の窓口支払は87,430円（自己負担限度額）

　　　　80,100円＋（100万円－267,000円）×1％＝87,430円

- 差額ベッド代や保険対象外の医療費は対象になりません。

- 複数の病院での受診，1つの病院での入院・通院等の複数回受診，家族の受診にかかる医療費を合算することができます。なお，家族が後期高齢者医療制度，他の健康保険に加入しているときは合算できません。

- 合算できる医療費は，1医療機関の1カ月の窓口負担額が21,000円以上のものに限られます。

- 多数回該当は，直近12カ月間で3回以上高額療養費制度を利用した場合の4月目からの自己負担限度額です。

9　高額医療費貸付制度

限度額適用認定証が利用できないときは？

当面の医療費の支払に充てる資金として，無利子の貸付制度が利用できます。
制度利用により高額療養費の払い戻し分を早く受け取ることができます。

➢ 高額医療費貸付制度とは

　限度額適用認定証が利用できないとき，または医療費が高額で一時的にでも
払うことが難しいときは，「高額医療費貸付制度」が利用できます。

　貸付金額は，加入している医療保険によって異なりますが，高額療養費支給
見込額の8～10割相当額です。

➢ 高額医療費貸付制度のしくみ

　高額医療費貸付制度は，借金とは違います。払い戻される高額療養費を早く
受け取るもので，無利子です。

　たとえば，1カ月の総医療費が100万円だったとき（標準報酬月額28万円か
ら50万円の人）で考えます。窓口負担額はその3割の30万円です。高額療養費
制度を利用するときは，いったん医療機関の窓口で30万円を支払い，約3カ月
後に，約21万円が払い戻しされます。

　しかし，いったん支払う窓口負担額が準備できなかったり，払い戻しまでに
3カ月もかかると生活が大変になったりすることもあるでしょう。

　高額医療費貸付制度を利用すれば，申込みから約1カ月で，高額療養費の8
割から10割相当額を受け取ることができます。

　高額療養費の支払時期になると，貸付分が精算され，残りの金額が振り込ま
れます。相談窓口は加入する医療保険です。

　高額療養費の払い戻しまで待てないときは，貸付制度がある

【高額療養費制度と高額医療費貸付制度】

▶高額療養費制度を利用（高額医療費貸付制度を利用しない）

総医療費100万円のとき（標準報酬月額28万円の人）

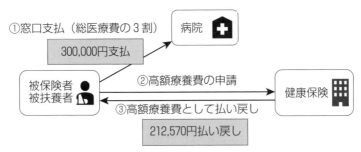

① 総医療費の3割を病院に支払う
② 健康保険に高額療養費の申請をする
③ 健康保険から高額療養費が支払われる

▶高額医療費貸付制度を利用

総医療費100万円のとき（標準報酬月額28万円の人）※8割貸付のとき

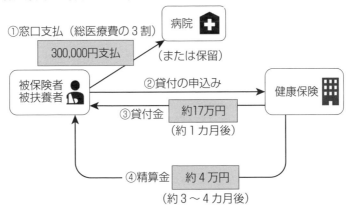

① 窓口負担額を病院に支払う，または保留（100万円の3割）
② 貸付の申込みをする
③ 約1カ月後に貸付金が振り込まれる
④ 約3～4カ月後に残りの精算金が振り込まれる

◆説明用資料7　高額医療費貸付制度

高額医療費貸付制度

【高額療養費制度】

　高額療養費は，1カ月（1日から末日まで）に医療機関や薬局の窓口で支払った金額が上限を超えた場合に，支払った額から自己負担限度額を差し引いた額が還付される制度です。還付まで2～3カ月かかります。

【高額医療費貸付制度】

　高額療養費の払い戻しを早く受け取ることができる制度です。約1カ月で高額療養費の8割から10割相当が支払われます。無利子です。

➤ 申請方法

　申請窓口……加入している健康保険（国民健康保険は市区町村担当課）
　手続方法……
　　① 　医療機関の窓口で「高額医療費貸付制度」を利用したいこと，貸付までの間の支払を保留にしてもらいたいこと等を伝える
　　② 　加入している健康保険に申込みをする
　　※ 　申込みには医療機関が発行する請求書か領収書が必要。
　　③ 　指定した口座に貸付金が振り込まれる
　　必要書類……健康保険被保険者証，医療費の請求書，預金通帳など
　　　　　　　　※詳細は加入の健康保険で確認

➤ 自己負担限度額

年間所得 （標準報酬月額）	自己負担限度額（1カ月）	
	通常	多数回該当
901万円超 （83万円～）	252,600円＋（総医療費－842,000円）×1％	140,100円
600万円超 （53万円～79万円）	167,400円＋（総医療費－558,000円）×1％	93,000円
210万円超 （28万円～50万円）	80,100円＋（総医療費－267,000円）×1％	44,400円
210万円以下 （～26万円）	57,600円	44,400円
住民税の非課税者等	35,400円	24,600円

- 差額ベッド代や保険対象外の医療費は対象になりません。
- 多数回該当は，直近12カ月間で3回以上高額療養費制度を利用した場合の4月目からの自己負担限度額です。

➢ **貸付制度のしくみ（事例）**

【1カ月の総医療費が100万円のとき（標準報酬月額28万円の人）】

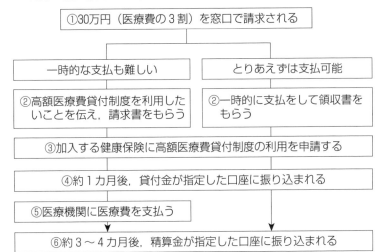

1カ月の総医療費が100万円のとき（標準報酬月額28万円の人）

①30万円（医療費の3割）を窓口で請求される

一時的な支払も難しい

②高額医療費貸付制度を利用したいことを伝え，請求書をもらう

とりあえずは支払可能

②一時的に支払をして領収書をもらう

③加入する健康保険に高額医療費貸付制度の利用を申請する

④約1カ月後，貸付金が指定した口座に振り込まれる

⑤医療機関に医療費を支払う

⑥約3〜4カ月後，精算金が指定した口座に振り込まれる

●**貸付金の額の計算（④）**

- 高額療養費

80,100円＋（100万円－267,000円）×1％＝87,430円（自己負担限度額）

30万円－87,430円＝212,570円（高額療養費）

- 貸付金（8割貸付のとき）

212,570円×80％＝170,056円

●**精算金の額の計算（⑥）**

- 精算金（8割貸付のとき）

残りの2割分が精算金として振り込まれる

212,570円×20％＝42,514円

10 高額介護合算療養費

自分の医療費と家族の介護費，二重で大変です。

　医療保険と介護保険の両方を利用している世帯は，支払うお金も多くなります。その負担を軽減する制度として，高額介護合算療養費があります。

➤ 高額介護合算療養費とは

　高額療養費は「月」単位で負担を軽減する制度です。それに対し，高額介護合算療養費は，「月」単位の負担軽減があっても，なお重い負担が残る場合に「年」単位で負担を減らす制度です。医療保険と介護保険の自己負担額が一定額以上のときに，払い戻しを受けることができます。

➤ 高額介護合算療養費の要件

　高額介護合算療養費を利用するための要件は下記のとおりです。

- 国民健康保険，健康保険，後期高齢者医療制度の各医療保険における世帯内であること
- １年間（８月１日〜翌年７月31日）の医療保険と介護保険の自己負担合算額が，各所得区分に設定された限度額を超えた世帯であること

➤ 高額介護合算療養費の自己負担限度額

　被保険者からの申請に基づき，高額介護合算療養費の自己負担限度額を超えた金額が払い戻しされます。高額療養費と同様に，入院時の食費・居住費や差額ベッド代等は対象になりません。限度額は次頁の図のとおりです。申請手続や具体的な支給額などの相談窓口は，加入している医療保険や市区町村介護保険担当課です。

 医療保険と介護保険の両方を利用しているときに利用できる軽減制度がある

【高額介護合算療養費の自己負担限度額】

健康保険標準報酬月額

住民税非課税世帯	26万円以下	28万円～50万円	53万円～79万円	83万円以上

70歳未満の国民健康保険（年間所得）

住民税非課税世帯	210万円以下	210万円超	600万円超	901万円超

70歳以上の国民健康保険・後期高齢者医療（課税所得）

住民税非課税世帯		145万円未満等	145万円以上	380万円以上	690万円以上
一定所得以下	左記以外の世帯				

■◇ 212万円

■◇ 141万円

■◇ 67万円

■ 60万円
◇ 56万円

■ 34万円
◇ 19万円※

■ 34万円
◇ 31万円

■70歳未満の人がいる世帯の自己負担限度額
◇70歳以上の人がいる世帯の自己負担限度額

※　世帯内で複数の人が介護サービスを利用する場合には，31万円となります。

- 70歳未満の人と70歳以上の人が世帯にいるとき，70歳以上の人の自己負担合算額に限度額を適用し，次に残る負担額と70歳未満の人の自己負担額を合算した額に限度額を適用します。
- 自己負担限度額とは，医療機関などに支払った自己負担額から高額療養費などを差し引いた金額です。

【高額介護合算療養費の受給例（70歳未満の人がいる世帯）】

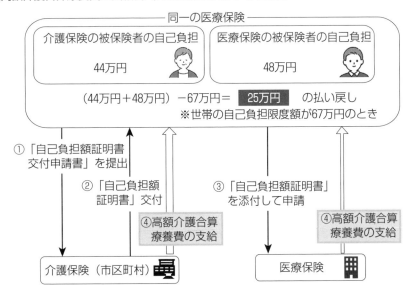

― 同一の医療保険 ―

介護保険の被保険者の自己負担
44万円

医療保険の被保険者の自己負担
48万円

（44万円＋48万円）－67万円＝　25万円　の払い戻し
※世帯の自己負担限度額が67万円のとき

① 「自己負担額証明書
交付申請書」を提出

② 「自己負担額
証明書」交付

③ 「自己負担額証明書」
を添付して申請

④高額介護合算
療養費の支給

④高額介護合算
療養費の支給

介護保険（市区町村）

医療保険

◆説明用資料 8　高額介護合算療養費制度

高額介護合算療養費制度

【高額介護合算療養費制度】
　医療保険と介護保険の両方を利用している世帯において，医療保険と介護保険の 1 年間（ 8 月 1 日～翌年 7 月31日）の自己負担額を合計した額が，高額介護合算療養費の自己負担限度額を超えたとき，申請により，超えた部分の払い戻しを受けることができます。

➢ 限度額

70歳未満の世帯

年間所得 （標準報酬月額）	限度額
901万円超 （83万円～）	212万円
600万円超 （53万円～79万円）	141万円
210万円超 （28万円～50万円）	67万円
210万円以下 （～26万円）	60万円
住民税の非課税者等	34万円

70歳～74歳の世帯・75歳以上の世帯

課税所得 （標準報酬月額）	限度額
901万円超 （83万円～）	212万円
600万円超 （53万円～79万円）	141万円
210万円超 （28万円～50万円）	67万円
210万円以下 （～26万円）	56万円
世帯全員が住民税非課税	31万円
世帯全員が住民税非課税 ＋収入が一定以下	19万円※

※同じ世帯に介護サービス利用者が複数いるときは31万円

➢ 合算する一部負担金

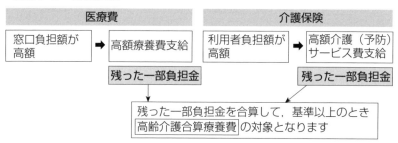

➢ 世帯……加入する医療保険ごとに合算（同じ医療保険に加入する人）
➢ 相談窓口……加入している医療保険・市区町村介護保険担当課

11　高額療養費受領委任払い制度

受領委任払い制度って何ですか？

　国民健康保険には「高額療養費受領委任払い制度」があります。利用すれば，医療機関の窓口支払を自己負担限度額までに抑えることができます。

➢ 高額療養費受領委任払い制度とは

　高額療養費受領委任払い制度は，国民健康保険に加入している人が利用できる制度です。高額療養費として支給される金額を国民健康保険が直接医療機関に支払うことで，窓口負担額が高額療養費の自己負担限度額までになります。

➢ 高額療養費受領委任払い制度の利用方法

　利用ができない病院等もありますので，事前に医療機関等に確認のうえ，市区町村の国民健康保険の窓口に相談をします。なお，制度の名称が市区町村によって異なることがありますので注意が必要です。

【高額療養費受領委任払い制度】

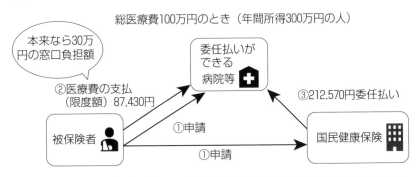

総医療費100万円のとき（年間所得300万円の人）

本来なら30万円の窓口負担額

②医療費の支払（限度額）87,430円

委任払いができる病院等

③212,570円委任払い

被保険者

①申請

①申請

国民健康保険

① 国民健康保険と病院に対して「高額療養費受領委任払い制度」の申請をする
② 自己負担限度額分の医療費を病院に支払う
③ 高額医療費分が国民健康保険から病院に対して支払われる

Ⅱ 助成金制度を活用する

経済的な負担を軽減するために，さまざまな助成金制度が設けられています。申請をしなければ助成は受けられません。助成金制度の存在を知らせるだけでも，大きなサポートになります。

1 自立支援医療（更生医療・育成医療）

医療費の自己負担額をもっと軽くする方法はありますか？

身体に障害がある人に対して，障害の軽減や悪化を防ぐための治療を行うとき，世帯の所得に応じて医療費が助成される制度があります。

➤ 対象の医療

自立支援医療（更生医療・育成医療）は，身体障害者（障害児）に対して，障害を軽減し，または重症化を防ぐための医療費を軽減する制度です。利用により，医療費の自己負担額を抑えることができます。

➤ 対象になる人

対象になるのは，次頁の表の医療を受ける人です。実際には，個々の状況に応じて専門医が判定して給付の可否が決まります。

➤ 給付の内容

指定医療機関を受診することにより，自己負担割合は1割になります。さらに，世帯所得区分に応じて，自己負担上限月額（次頁の表）が適用されます。

申請により，自己負担が1割になり，さらに上限が適用される

➤「重度かつ継続」の対象になる人

市町村民税の所得割が年235,000円以上の世帯の人は，本制度の対象外ですが，高額治療継続者（重度かつ継続）に該当するときには対象になります（2024年3月31日までの経過的特例）。

「重度かつ継続」の対象者は次のいずれかに該当する人です。

- 腎臓機能障害，小腸機能障害，免疫機能障害，心臓機能障害（心臓移植後の抗免疫療法に限る），肝臓機能障害（肝臓移植後の抗免疫療法に限る）のある人
- 医療保険の多数回該当（1年間に4回以上高額療養費に該当）の人

【対象になる障害と主な治療内容等】

視覚障害	角膜移植術，白内障手術，網膜はく離手術等	
聴覚障害	外耳道形成術，鼓膜穿孔閉鎖術，人工内耳埋込み術等	
音声・言語・そしゃく機能障害		口唇形成術，口蓋形成術，歯科矯正治療等
肢体不自由	関節形成術，人工関節置換術，義肢装着のための断端形成術等	
腎臓機能障害	人工透析療法，腎臓移植，移植後の免疫抑制療法等	
肝臓機能障害	肝臓移植，移植後の免疫抑制療法	
心臓機能障害	弁形成術，弁置換術，欠損孔閉鎖術，ペースメーカー植込み術等	
小腸機能障害	中心静脈栄養法	
免疫機能障害	抗HIV療法等	

【自己負担割合と上限額】

生活保護世帯等	市町村民税非課税世帯		市町村民税課税世帯		
	本人収入が80万円以下	本人収入が80万円超	市町村民税33,000円未満	市町村民税33,000円以上	市町村民税235,000円以上
0円	1割負担	1割負担	1割負担	1割負担	対象外
	自己負担上限月額		自己負担上限月額（育成医療）		
			5,000円※	10,000円※	
			「重度かつ継続」に該当するとき		
	2,500円	5,000円	5,000円	10,000円	20,000円※

※　2024年3月末までの経過的特例

◆説明用資料9　自立支援医療（更生医療・育成医療）

自立支援医療（更生医療・育成医療）

➢ 対象の医療
　障害の軽減，または重症化を防ぐための医療に対して，医療費が助成される制度です。

対象	角膜手術，関節形成手術，人工透析療法など
申請先	市区町村の障害福祉課等
必要なもの	自立支援医療支給認定申請書 自立支援医療意見書 身体障害者手帳の写し 健康保険被保険者証（同一の保険の全員分） 世帯の所得状況等が確認できる書類 特定疾病療養受領証の写し（人工透析のとき） 個人番号に係る調書　　　　　　　　など

➢ 助成の内容
　指定医療機関を受診することにより，自己負担割合は1割になります。
　さらに，所得区分に応じて，自己負担上限月額が適用されます。

【所得区分ごとの自己負担上限月額】

所得区分	世帯の収入状況	自己負担上限月額	重度かつ継続
生活保護	生活保護受給世帯	0円	
低所得1	市町村民税非課税世帯 （本人収入80万円以下）	2,500円	
低所得2	市町村民税非課税世帯 （本人収入80万円超）	5,000円	
中間所得1	市町村民税課税世帯 （市町村民税33,000円未満）	高額療養費と同じ	（育成医療） 5,000円※
中間所得2	市町村民税課税世帯 （市町村民税33,000円以上）		10,000円※
一定所得以上	市町村民税課税世帯 （市町村民税235,000円以上）	対象外	20,000円※

　※　2024年3月末までの経過的特例
　「重度かつ継続」は，疾病や症状から対象になるとき，高額な費用負担が継続するときがあります。詳細は市区町村の窓口でご確認ください。

【自立支援医療（更生医療・育成医療）利用の流れ】

 1．自立支援医療（更生医療）の要件を満たす

　①身体障害者手帳を有している18歳以上の人（18歳未満については育成医療）
　②対象となる障害・主な治療内容とされたもの

 2．市区町村（保健福祉課等）で相談，書類を準備する

　・自立支援医療意見書
　・自立支援医療支給認定申請書　　を準備します

 3．病院で意見書の記載を依頼する

　病院に「自立支援医療意見書」を提出し，記載を依頼します

 4．市区町村（保健福祉課等）に申請する

　必要な書類を提出して，自立支援医療の申請をします

 5．受給者証と自己負担上限額管理票が送付される

　「受給者証」と「自己負担上限額管理票」が送付されます

 6．治療のため受診するときは提示する

　「受給者証」と「自己負担上限額管理票」を提示して受診することで医療費が安くなります。

必ず提示すること

自己負担上限額管理票

受給者証

保険証

※　各市区町村によって申請方法が異なるときがあります。

2　自立支援医療（精神通院医療）

精神の障害について医療費を少なくする制度はありますか？

　精神に障害があり，通院による治療を続ける必要がある人に対して，医療費が助成される制度があります。

➢ 対象の医療

　自立支援医療（精神通院医療）は，通院による精神医療を継続的に必要とする人等に対して，障害を軽減し，または重症化を防ぐための医療費を軽減する制度です。利用により医療費の自己負担額を抑えることができます。

➢ 対象になる人

　精神障害により通院による治療を続ける必要がある人が対象です。

- ☑　統合失調症
- ☑　うつ病，躁うつ病などの気分障害
- ☑　薬物などの精神作用物質による急性中毒またはその依存症
- ☑　PTSD などのストレス関連障害やパニック障害などの不安障害
- ☑　知的障害，心理的発達の障害
- ☑　アルツハイマー病型認知症，血管性認知症
- ☑　てんかん　など

➢ 給付の内容

　指定医療機関を受診することにより，自己負担割合は 1 割になります。さらに，世帯の所得区分に応じて，自己負担上限月額（次頁の表）が適用されます。負担額を決める「世帯」とは同じ医療保険に加入する人をいいますが，特例もあるので市区町村の窓口でご確認ください。更生医療，育成医療も同様です（28頁）。

申請により，自己負担が1割になり，さらに上限が適用される

➤「重度かつ継続」の対象になる人

　市町村民税の所得割が年235,000円以上の世帯の人は，本制度の対象外ですが，高額治療継続者（重度かつ継続）に該当するときには対象になります（2024年3月31日までの経過的特例）。

　「重度かつ継続」の対象者は次のいずれかに該当する人です。

- 医療保険の多数回該当（1年間に4回以上高額療養費に該当）の人
- ①～⑤の精神疾患の人
  - ①　症状性を含む器質性精神障害（高次脳機能障害，認知症など）
  - ②　精神作用物質使用による精神および行動の障害（アルコール依存症など）
  - ③　統合失調症，統合失調症型障害および妄想性障害
  - ④　気分障害（うつ病，躁うつ病など）
  - ⑤　てんかん
- 3年以上精神医療を経験している医師から，情動および行動の障害または不安および不穏状態を示すことから入院によらない計画的かつ集中的な精神医療（状態の維持，悪化予防のための医療を含む）が続けて必要であると判断された人

➤ 相談窓口

　相談窓口は，市区町村の障害福祉課等です。

【自己負担割合と上限額】

生活保護世帯等	市町村民税非課税世帯		市町村民税課税世帯		
	本人収入が80万円以下	本人収入が80万円超	市町村民税33,000円未満	市町村民税33,000円以上	市町村民税235,000円以上
0円	1割負担	1割負担	1割負担	1割負担	対象外
	自己負担上限月額		自己負担上限月額（育成医療）		
			5,000円※	10,000円※	
			「重度かつ継続」に該当するとき		
	2,500円	5,000円	5,000円	10,000円	20,000円※

※　2024年3月末までの経過的特例

◆説明用資料10 自立支援医療（精神医療）

自立支援医療（精神医療）

> ### 対象の医療

精神に障害があって通院による治療が必要な人が受ける医療に対して医療費が助成される制度です。

対象	統合失調症，うつ病，躁うつ病などの気分障害，薬物などの精神作用物質による急性中毒またはその依存症，PTSDなどのストレス関連障害やパニック障害などの不安障害，知的障害，心理的発達の障害，アルツハイマー病型認知症，血管性認知症，てんかんなど
申請先	市区町村の障害福祉課等
必要なもの	自立支援医療支給認定申請書 自立支援医療診断書 健康保険被保険者証（同一の保険の全員分） 世帯の所得状況等が確認できる書類 個人番号に係る調書　　　　　　　　　　など

> ### 助成の内容

指定医療機関を受診することにより，自己負担割合は1割になります。
さらに，所得区分に応じて，自己負担上限月額が適用されます。

【所得区分ごとの自己負担上限月額】

所得区分	世帯の収入状況	自己負担上限月額	重度かつ継続
生活保護	生活保護受給世帯	0円	
低所得1	住民税非課税世帯 （本人収入80万円以下）	2,500円	
低所得2	住民税非課税世帯 （本人収入80万円超）	5,000円	
中間所得1	住民税課税世帯 （市町村民税33,000円未満）	高額療養費と同じ	5,000円
中間所得2	住民税課税世帯 （市町村民税33,000円～235,000円未満）		10,000円
一定所得以上	住民税課税世帯 （市町村民税235,000円以上）	対象外	20,000円※

※　2024年3月末までの経過的特例

「重度かつ継続」は，疾病や症状から対象になるとき，高額な費用負担が継続するときがあります。詳細は市区町村の窓口でご確認ください。

【自立支援医療（精神医療）利用の流れ】

1. 自立支援医療（精神医療）の要件を満たす
病院で医師の診察を受け，自立支援医療制度の対象の精神障害と精神状態であると診断を受ける

2. 書類を準備する（市区町村に問い合わせ）
- 自立支援医療（精神通院）支給認定申請書
- 自立支援医療（精神通院）用診断書
を準備します

3. 病院で診断書の記載を依頼する
病院に「自立支援医療（精神通院）用診断書」を提出して，記載を依頼します

4. 市区町村（障害福祉課等）に申請する
必要な書類を提出して，自立支援医療の申請をします。

5. 受給者証と自己負担上限額管理票が送付される
「受給者証」と「自己負担上限額管理票」が送付されます

6. 治療のため受診するときは提示
「受給者証」と「自己負担上限額管理票」を提示して受診することで医療費が安くなります。

必ず提示すること

自己負担上限額管理票

受給者証

保険証

※　各市区町村によって申請方法が異なるときがあります。

3　子どもの医療費の助成

子どもの医療費を支払うのが大変です。

　子どもが病院・薬局などで診察や薬剤の処方を受けたときに利用できる「子ども医療費助成制度」があります。医療費の自己負担額の全部または一部が助成されます。

➤ 子ども医療費助成制度とは

　子ども医療費助成制度には「乳幼児医療費助成制度」と「義務教育就学児医療費助成制度」があります。都道府県の基準や各市区町村によって助成の範囲が異なりますが，現在すべての都道府県および市区町村で，子どもの医療費助成制度が実施されています（2019年度厚生労働省調査）。

　すべての自治体に，子どもの医療費の助成制度がある

➤ 対象になる児童

　一定年齢以下の児童が助成の対象ですが，その基準は各自治体によって異なります。都道府県では，通院，入院ともに就学前までの児童を対象にしているところが最も多く，市区町村では15歳年度末（中学生）までのところが多いです。最近では18歳の年度末（高校生）まで拡大する自治体も増えています。

➤ 助成の内容

　子ども医療費助成制度により，自己負担額の全部または一部が助成されます。所得制限や自己負担の有無は自治体によって異なります。入院時食事療養費（入院時の食事代の負担額），入院時の差額ベッド代などの保険診療の適用外のものは対象になりませんが，自治体によっては入院時食事療養費が助成されるところがあります。

　自治体によって助成の内容が異なるので，詳しいアドバイスをすることは難しいかもしれませんが，相談窓口を紹介するだけでも大きなサポートです。

◆説明用資料11 子どもの医療費の助成制度

子どもの医療費の助成制度

| 乳幼児医療費助成制度 | 義務教育就学児医療費助成制度 |

| 入院 | 自己負担額を助成 |
| 通院 | 自己負担額を助成 |

| 入院 | 自己負担額を助成 |
| 通院 | 自己負担額を助成 |

➤ **対象になる子ども**

　市区町村によって対象年齢が異なります。各市区町村でご確認ください。

➤ **所得制限**

　家族の所得額が多いと利用できない市区町村もあれば，所得制限のないところもあります。各市区町村でご確認ください。

➤ **自己負担額**

　医療費の自己負担額の全部または一部が助成されます。内容は市区町村によって異なるので，各市区町村でご確認ください。

医療機関を受診すると……
- 3歳未満　総医療費の2割自己負担
- 3歳以上　総医療費の3割自己負担

（医療費が無料になる市区町村もあります）

総医療費1万円のとき（自己負担割合3割の人）

7,000円	3,000円
医療保険が負担	助成の対象

原則として，保険診療の対象にならない費用（差額ベッド代など）は対象外

この部分について，全部または一部が助成される

➤ **相談窓口**

　各市区町村の福祉担当課等

4　ひとり親家庭等の医療費の助成

> 母子家庭なので，医療費を支払うのが大変です。

　母子家庭，父子家庭などのひとり親家庭等が，病院，薬局などで診察や薬剤の処方を受けたときに利用できる「ひとり親家庭等医療費助成制度」があります。医療費の自己負担額の全部または一部が助成されます。

➤ ひとり親家庭医療費助成制度とは

　子ども医療費助成制度の年齢基準を満たさない場合でも，一定の基準を満たせば，「ひとり親家庭等医療費助成制度」を利用できる可能性があります。制度利用により，自己負担額の全部または一部が助成されます。入院時食事療養費（入院時の食事代の負担額），入院時の差額ベッド代などの保険診療の適用外のものは対象になりませんが，自治体によっては入院時食事療養費が助成されるところがあります。

➤ 対象になる人

- ひとり親家庭の父母とその児童
- 父母がいない児童
- 父母のいない児童を監護する養育者

　市区町村によって利用範囲や自己負担額が異なります。18歳年度末までの子どもを対象にしている市区町村が多く，20歳未満まで対象を拡大しているところもあります。子どもの養育者，扶養義務者等の所得制限があります。

 ひとり親家庭の親とその子どもの医療費に対する助成制度がある

➤ ひとり親家庭とは

　ひとり親家庭とは，次頁に記載の家庭のことをいいます。母子家庭，父子家庭だけが対象でない点に注意が必要です。

◆説明用資料12　ひとり親家庭等医療費助成制度

ひとり親家庭等医療費助成制度

➢ 対象になる人

ひとり親家庭の父母とその児童，父母がいない児童

父母が離婚	父または母が一定の障害を有している	父または母が生死不明	父または母から1年以上遺棄されている
父または母が1年以上拘禁されている	父または母がDV保護命令を受けている	母が婚姻によらず出生	父または母が死亡

➢ 対象にならない人

- 生活保護制度の対象者
- 乳幼児医療・障害者医療の対象者
- 他の法令等により同等の医療費助成を受けられる人　など

➢ 所得制限

子どもの養育者，扶養義務者等の所得制限があります。

➢ 自己負担額

医療費の自己負担額の全部または一部が助成されます。

➢ 相談窓口

利用できる範囲，自己負担額は市区町村によって異なりますので，各市区町村の福祉担当課等にお問い合わせください。

5　重度の障害がある人の医療費の助成

重度の障害があり，医療費がかさみます。

重度の障害があるときに利用できる「重度心身障害者医療費助成制度」があります。医療費の自己負担額の全部または一部の金額が助成されます。

➤ 重度心身障害者医療費助成制度とは

　重度心身障害者医療費助成制度は，重度の身体障害，知的障害，精神障害のある人が受けられる助成制度です。

➤ 対象になる人

　対象者は自治体によって異なります（次頁の表）。3級の手帳を持つ身体障害者について助成の要件を付ける自治体が多く，対象外とするところもあります。知的障害の基準もさまざまで，精神障害を対象外とする自治体もあります。

➤ 助成の内容

　重度心身障害者医療費助成制度の利用により，自己負担額の全部または一部が助成されます。保険診療の適用外のものは対象になりません。

 各自治体が定める重度の障害があるとき，医療費が助成される

　所得制限や自己負担の有無は自治体によって異なります。自己負担がない自治体では，医療費が無料になります。自立支援医療（28頁・32頁）適用後に，重度心身障害者医療費助成制度を利用できる場合もあります。

 インターネットで「〇〇市障害者医療」等と検索してみてください。ご自身の地域における障害者医療助成の内容をあらかじめ確認しておくと，具体的なアドバイスが可能になります。

◆説明用資料13　重度心身障害者医療費助成制度

重度心身障害者医療費助成制度

➤ 対象者

対象者は自治体によって異なります。

たとえば，主要都市を比較すると下記のとおりです。　　（※級は手帳の等級）

	身体障害者		知的障害	精神障害	所得制限	自己負担
東京都	1級・2級 3級（内部障害あり）		愛の手帳 1度，2度	1級	あり	非課税世帯 は負担なし
横浜市	1級・2級 3級（知能指数50以下）		知能指数 35以下	1級	なし	なし
名古屋市	1級・2級・3級（腎臓 機能傷害は4級等，例外 あり）		知能指数 50以下	1，2級 自閉症状 群	あり	なし
大阪市	1級・2級 3級-6級（中度知的 障害）		重度	1級	あり	あり
福岡市	1級・2級		A判定	1級	あり	なし

内容は各市区町村の障害福祉課等でご確認ください。

➤ 対象にならない人

- 生活保護制度の対象者
- 他の法令等により同等の医療費助成を受けられる人　など

➤ 自己負担額

医療費の自己負担額の全部または一部が助成されます。内容は市区町村によって異なるので，各市区町村の障害福祉課等でご確認ください。

医療機関を受診すると……
- 3歳未満　総医療費の2割自己負担
- 3歳以上　総医療費の3割自己負担

医療費が無料になる
市区町村もあります

総医療費1万円のとき（自己負担割合3割の人）

7,000円	3,000円
医療保険が負担	助成の対象

原則として，保険診療の対象にならない費用（差額ベッド代など）は対象外

この部分について，全部または一部が助成される

6　特定医療費（指定難病）の助成

難病と診断されました。医療費が気になります。

　指定難病と診断された人が利用できる「特定医療費（指定難病）助成制度」があります。厚生労働省が指定した338疾病が助成の対象です。医療費の自己負担額の一部が助成されます。

➢ 対象になる人

　特定医療費（指定難病）助成制度の対象になるのは，原則として「指定難病」（44・45頁）と診断され，「重症度分類等」に照らして病状の程度が一定程度以上の人です。個々の疾病ごとに認定基準が設定されています。

　指定難病であっても，症状が軽いと助成は受けられません。しかし，症状が軽くても，高額な医療が継続して必要とされた人は「軽症高額該当」として助成を受けることができます。具体的には，指定難病に係る総医療費が33,330円を超える月が申請月以前の12カ月以内に３カ月以上ある場合をいいます。申請には，医療費が確認できる領収書等が必要です。

➢ 助成の内容

　特定医療費（指定難病）助成制度の利用により，３割の自己負担割合が，２割（後期高齢者は１割）に軽減されます。さらに，所得に応じて自己負担限度額（次頁の表）が適用されます。

　高額な治療を長期にわたって行う必要があるときには，さらに負担が軽くなります。具体的には，一般所得Ⅰ以上の人が，総医療費５万円を超える月が申請月以前の12カ月以内に６回以上ある場合です。

申請により自己負担が２割に軽減され，さらに上限が適用されるほか，さらなる助成がある

◆説明用資料14　特定医療費（指定難病）助成制度

特定医療費（指定難病）助成制度

 指定難病　検索

> **対象者**

厚生労働省が指定した338疾病の診断を受け，その程度が国の認定基準に該当する人です。症状が軽くても高額な医療費のかかる治療が継続して必要とされた人は「軽症高額該当」として助成が受けられます。

> **助成の内容**

1．自己負担割合　2割になります（後期高齢者は1割）。
2．さらに下記の自己負担限度額が設けられています。

区分	区分の基準 （　）は，夫婦2人世帯の場合における年収の目安		自己負担割合　2割		
			自己負担上限額 （外来＋入院＋薬代＋訪問看護）		
			一般	高額かつ 長期（※1）	人工呼吸器 等装着
上位所得	市町村民税25.1万円以上 （収入約810万円以上）		30,000円	20,000円	1,000円
一般所得 II	市町村民税7.1万円以上25.1万円未満 （収入約370万円～約810万円）		20,000円	10,000円	
一般所得 I	市町村民税7.1万円未満 （収入約160万円～約370万円）		10,000円	5,000円	
低所得II	市町村民税非課税（世帯）	本人（※2） 年収　80万円超	5,000円	5,000円	
低所得I		本人（※2） 年収　80万円以下	2,500円	2,500円	
生活保護	―		0円	0円	0円
入院時の食費			全額自己負担		

※1　「高額かつ長期」とは，月ごとの総医療費が5万円を超える月が年間6回以上ある人（たとえば医療保険の2割負担の場合，医療費の自己負担額が1万円を超える月が年間6回以上）。
※2　患者本人が18歳未満のときは保護者。

【例】総医療費10万円のとき（自己負担割合3割（一般所得I）の人）

上限1万円

本来3万円の負担のところ，1万円になります

7万円	助成2万円	

医療保険が負担

> **相談窓口**

都道府県・指定都市により異なりますので，各都道府県・指定都市にお問い合わせください。

➤ 指定難病　338疾病（2021年11月1日から）

指定難病　　検索

病名	告知番号
アイカルディ症候群	135
アイザックス症候群	119
ⅠｇＡ腎症	66
ⅠｇＧ４関連疾患	300
亜急性硬化性全脳炎	24
悪性関節リウマチ	46
アジソン病	83
アッシャー症候群	303
アトピー性脊髄炎	116
アペール症候群	182
アラジール症候群	297
α1−アンチトリプシン欠乏症	231
アルポート症候群	218
アレキサンダー病	131
アンジェルマン症候群	201
アントレー・ビクスラー症候群	184
イソ吉草酸血症	247
一次性ネフローゼ症候群	222
一次性膜性増殖性糸球体腎炎	223
1ｐ36欠失症候群	197
遺伝性自己炎症疾患	325
遺伝性ジストニア	120
遺伝性周期性四肢麻痺	115
遺伝性膵炎	298
遺伝性鉄芽球性貧血	286
ウィーバー症候群	175
ウィリアムズ症候群	179
ウィルソン病	171
ウエスト症候群	145
ウェルナー症候群	191
ウォルフラム症候群	233
ウルリッヒ病	29
HTLV−1関連脊髄症	26
ＡＴＲ−Ｘ症候群	180
エーラス・ダンロス症候群	168
エプスタイン症候群	287
エプスタイン病	217
エマヌエル症候群	204
遠位型ミオパチー	30
黄色靱帯骨化症	68
黄斑ジストロフィー	301
大田原症候群	146
オクシピタル・ホーン症候群	170
オスラー病	227
カーニー複合	232
海馬硬化を伴う内側側頭葉てんかん	141
潰瘍性大腸炎	97
下垂体性ADH分泌異常症	72
下垂体性ゴナドトロピン分泌亢進症	76
下垂体性成長ホルモン分泌亢進症	77
下垂体性TSH分泌亢進症	73
下垂体性PRL分泌亢進症	74
下垂体前葉機能低下症	78
家族性高コレステロール血症（ホモ接合体）	79
家族性地中海熱	266
家族性低βリポタンパク血症1（ホモ接合体）	336
家族性良性慢性天疱瘡	161
カナバン病	307

病名	告知番号
化膿性無菌性関節炎・壊疽性膿皮症・アクネ症候群	269
歌舞伎症候群	187
ガラクトース−1−リン酸ウリジルトランスフェラーゼ欠損症	258
カルニチン回路異常症	316
肝型糖原病	257
間質性膀胱炎（ハンナ型）	226
環状20番染色体症候群	150
完全大血管転位症	209
眼皮膚白皮症	164
偽性副甲状腺機能低下症	236
ギャロウェイ・モワト症候群	219
球脊髄性筋萎縮症	1
急速進行性糸球体腎炎	220
強直性脊椎炎	271
巨細胞性動脈炎	41
巨大静脈奇形（頸部口腔咽頭びまん性病変）	279
巨大動静脈奇形（頸部顔面または四肢病変）	280
巨大膀胱短小結腸腸管蠕動不全症	100
巨大リンパ管奇形（頸部顔面病変）	278
筋萎縮性側索硬化症	2
筋型糖原病	256
筋ジストロフィー	113
クッシング病	75
クリオピリン関連周期熱症候群	106
クリッペル・トレノネー・ウェーバー症候群	281
クルーゾン症候群	181
グルコーストランスポーター1欠損症	248
グルタル酸血症1型	249
グルタル酸血症2型	250
クロウ・深瀬症候群	16
クローン病	96
クロンカイト・カナダ症候群	289
痙攣重積型（二相性）急性脳症	129
結節性硬化症	158
結節性多発動脈炎	42
血栓性血小板減少性紫斑病	64
限局性皮質異形成	137
原発性高カイロミクロン血症	262
原発性硬化性胆管炎	94
原発性抗リン脂質抗体症候群	48
原発性側索硬化症	4
原発性胆汁性胆管炎	93
原発性免疫不全症候群	65
顕微鏡的多発血管炎	43
高ⅠｇＤ症候群	267
好酸球性消化管疾患	98
好酸球性多発血管炎性肉芽腫症	45
好酸球性副鼻腔炎	306
抗糸球体基底膜腎炎	221
後縦靱帯骨化症	69
甲状腺ホルモン不応症	80
拘束型心筋症	59
高チロシン血症1型	241
高チロシン血症2型	242
高チロシン血症3型	243

病名	告知番号
後天性赤芽球癆	283
広範脊柱管狭窄症	70
膠様滴状角膜ジストロフィー	332
コケイン症候群	192
コステロ症候群	104
骨形成不全症	274
5ｐ欠失症候群	199
コフィン・シリス症候群	185
コフィン・ローリー症候群	176
混合性結合組織病	52
鰓耳腎症候群	190
再生不良性貧血	60
再発性多発軟骨炎	55
左心低形成症候群	211
サルコイドーシス	84
三尖弁閉鎖症	212
三頭酵素欠損症	317
ＣＦＣ症候群	103
シェーグレン症候群	53
色素性乾皮症	159
自己貪食空胞性ミオパチー	32
自己免疫性肝炎	95
自己免疫性後天性凝固因子欠乏症	288
自己免疫性溶血性貧血	61
シトステロール血症	260
シトリン欠損症	318
紫斑病性腎炎	224
脂肪萎縮症	265
若年性特発性関節炎	107
若年発症型両側性感音難聴	304
シャルコー・マリー・トゥース病	10
重症筋無力症	11
修正大血管転位症	208
シュベール症候群関連疾患	177
シュワルツ・ヤンペル症候群	33
徐波睡眠期持続性棘徐波を示すてんかん性脳症	154
神経細胞移動異常症	138
神経軸索スフェロイド形成を伴う遺伝性びまん性白質脳症	125
神経線維腫症	34
神経フェリチン症	121
神経有棘赤血球症	9
進行性核上性麻痺	5
進行性家族性肝内胆汁うっ滞症	338
進行性骨化性線維異形成症	272
進行性多巣性白質脳症	25
進行性白質脳症	308
進行性ミオクローヌスてんかん	309
心室中隔欠損を伴う肺動脈閉鎖症	214
心室中隔欠損を伴わない肺動脈閉鎖症	213
スタージ・ウェーバー症候群	157
スティーヴンス・ジョンソン症候群	38
スミス・マギニス症候群	202
脆弱Ｘ症候群	206
脆弱Ｘ症候群関連疾患	205
成人スチル病	54
脊髄空洞症	117

病名	告知番号
脊髄小脳変性症（多系統萎縮症を除く）	18
脊髄髄膜瘤	118
脊髄性筋萎縮症	3
セピアプテリン還元酵素（SR）欠損症	319
前眼部形成異常	328
全身性アミロイドーシス	28
全身性エリテマトーデス	49
全身性強皮症	51
先天異常症候群	310
先天性横隔膜ヘルニア	294
先天性核上性球麻痺	132
せ 先天性気管狭窄症／先天性声門下狭窄症	330
先天性魚鱗癬	160
先天性筋無力症候群	12
先天性グリコシルホスファチジルイノシトール（GPI）欠損症	320
先天性三尖弁狭窄症	311
先天性腎性尿崩症	225
先天性赤血球形成異常性貧血	282
先天性僧帽弁狭窄症	312
先天性大脳白質形成不全症	139
先天性肺静脈狭窄症	313
先天性副腎低形成症	82
先天性副腎皮質酵素欠損症	81
先天性ミオパチー	111
先天性無痛無汗症	130
先天性葉酸吸収不全	253
前頭側頭葉変性症	127
早発性ネフローゼ症候群	147
そ 総動脈幹遺残症	207
総排泄腔遺残	293
総排泄腔外反症	292
ソトス症候群	194
た 第14番染色体父親性ダイソミー症候群	200
ダイアモンド・ブラックファン貧血	284
大脳皮質基底核変性症	7
大理石骨病	326
高安動脈炎	40
多系統萎縮症	17
タナトフォリック骨異形成症	275
多発血管炎性肉芽腫症	300
多発性硬化症／視神経脊髄炎	13
多発性嚢胞腎	67
多脾症候群	188
タンジール病	261
単心室症	210
弾性線維性仮性黄色腫	166
胆道閉鎖症	296
遅発性内リンパ水腫	305
チャージ症候群	105
ち 中隔視神経形成異常症／ドモルシア症候群	134
中毒性表皮壊死症	39
腸管神経節細胞僅少症	101
TNF受容体関連周期性症候群	108
て 低ホスファターゼ症	172
天疱瘡	35
禿頭と変形性脊椎症を伴う常染色体劣性白質脳症	123
特発性拡張型心筋症	57
特発性間質性肺炎	85

病名	告知番号
特発性基底核石灰化症	27
特発性血小板減少性紫斑病	63
と 特発性血栓症（遺伝性血栓性素因によるものに限る）	327
特発性後天性全身性無汗症	163
特発性大腿骨頭壊死症	71
特発性多中心性キャッスルマン病	331
特発性門脈圧亢進症	92
ドラベ症候群	140
中條・西村症候群	268
な 那須・ハコラ病	174
軟骨無形成症	276
難治頻回部分発作重積型急性脳炎	153
22q11.2欠失症候群	203
に 乳幼児肝巨大血管腫	295
尿素サイクル異常症	251
ぬ ヌーナン症候群	195
ね ネイル・パテラ症候群（爪膝蓋骨症候群）／LMX1B関連腎症	315
ネフロン癆	335
脳クレアチン欠乏症候群	334
脳腱黄色腫症	263
の 脳表ヘモジデリン沈着症	122
膿疱性乾癬（汎発型）	37
嚢胞性線維症	299
パーキンソン病	6
バージャー病	47
肺静脈閉塞症／肺毛細血管腫症	87
肺動脈性肺高血圧症	86
は 肺胞蛋白症（自己免疫性または先天性）	229
肺胞低換気症候群	230
ハッチンソン・ギルフォード症候群	333
バッド・キアリ症候群	91
ハンチントン病	8
PCDH19関連症候群	152
非ケトーシス型高グリシン血症	321
肥厚性皮膚骨膜症	165
非ジストロフィー性ミオトニー症候群	114
皮質下梗塞と白質脳症を伴う常染色体優性脳動脈症	124
肥大型心筋症	58
ひ ビタミンD依存性くる病／骨軟化症	239
ビタミンD抵抗性くる病／骨軟化症	238
左肺動脈右肺動脈起始症	314
ビッカースタッフ脳幹脳炎	128
非典型溶血性尿毒症症候群	109
非特異性多発性小腸潰瘍症	290
皮膚筋炎／多発性筋炎	50
表皮水疱症	36
ヒルシュスプルング病（全結腸型または小腸型）	291
ファイファー症候群	183
VATER症候群	173
ファロー四徴症	215
ふ ファンコニ貧血	285
封入体筋炎	15
フェニルケトン尿症	240
複合カルボキシラーゼ欠損症	255
副甲状腺機能低下症	235

病名	告知番号
副腎白質ジストロフィー	20
副腎皮質刺激ホルモン不応症	237
ふ ブラウ症候群	110
プラダー・ウィリ症候群	193
プリオン病	23
プロピオン酸血症	245
閉塞性細気管支炎	228
β－ケトチオラーゼ欠損症	322
ベーチェット病	56
ベスレムミオパチー	31
へ ペリー症候群	126
ペルオキシソーム病（副腎白質ジストロフィーを除く）	234
片側巨脳症	136
片側痙攣・片麻痺・てんかん症候群	149
芳香族L－アミノ酸脱炭酸酵素欠損症	323
ほ 発作性夜間ヘモグロビン尿症	62
ホモシスチン尿症	337
ポルフィリン症	254
マリネスコ・シェーグレン症候群	112
マルファン症候群	167
ま 慢性炎症性脱髄性多発神経炎／多巣性運動ニューロパチー	14
慢性血栓塞栓性肺高血圧症	88
慢性再発性多発性骨髄炎	270
慢性特発性偽性腸閉塞症	99
ミオクロニー欠神てんかん	142
み ミオクロニー脱力発作を伴うてんかん	143
ミトコンドリア病	21
無虹彩症	329
む 無脾症候群	189
無βリポタンパク血症	264
メープルシロップ尿症	244
メチルグルタコン酸尿症	324
め メチルマロン酸血症	246
メビウス症候群	133
メンケス病	169
網膜色素変性症	90
も もやもや病	22
モワット・ウィルソン症候群	178
ヤング・シンプソン症候群	196
ゆ 遊走性焦点発作を伴う乳児てんかん	148
4p欠失症候群	198
ら ライソゾーム病	19
ラスムッセン脳炎	151
ランドウ・クレフナー症候群	155
り リジン尿性蛋白不耐症	252
両大血管右室起始症	216
リンパ管腫症／ゴーハム病	277
リンパ脈管筋腫症	89
る 類天疱瘡（後天性表皮水疱症を含む。）	162
ルビンシュタイン・テイビ症候群	102
レーベル遺伝性視神経症	302
れ レシチンコレステロールアシルトランスフェラーゼ欠損症	259
レット症候群	156
レノックス・ガストー症候群	144
ろ ロスムンド・トムソン症候群	186
肋骨異常を伴う先天性側弯症	273

7   小児慢性特定疾病医療費の助成

子どもの慢性疾患による毎月の医療費が
大変です。

　子どもの慢性疾患のうち特定の疾患の児童に対する「小児慢性特定疾病医療費助成制度」があります。厚生労働省が指定した疾病が助成対象です。

➢ 対象になる子ども

　指定された小児慢性特定疾病にかかっている18歳未満の児童が対象です。ただし，引き続き治療が必要と認められる場合には，20歳まで助成されます。

　2021年11月1日時点で788疾病が対象で，その疾病群は下記のとおりです。

- 悪性新生物（白血病など）
- 慢性腎疾患（ネフローゼ症候群など）
- 慢性呼吸器疾患（気管支喘息など）
- 慢性心疾患（心室中隔欠損症など）
- 内分泌疾患（甲状腺機能亢進症など）
- 膠原病（若年性特発性関節炎など）
- 糖尿病（1型糖尿病など）
- 先天性代謝異常（シトリン欠損症など）
- 血液疾患（鉄芽球性貧血など）
- 免疫疾患（後天性免疫不全症など）
- 神経・筋疾患（ウエスト症候群など）
- 慢性消化器疾患（潰瘍性大腸炎など）
- 染色体または遺伝子に変化を伴う症候群
- 皮膚疾患群（先天性白皮症など）
- 骨系統疾患（骨形成不全症など）
- 脈管系疾患（リンパ管腫など）

➢ 助成の内容

　総医療費の3割（3歳未満は2割）の自己負担割合が2割になります。さらに，所得に応じて自己負担限度額（次頁の表）が適用されます。高度な治療を長期にわたって行う必要があるときには，さらに負担が軽くなります。

　申請により自己負担が2割に軽減され，さらに上限が適用されるほか，さらなる助成がある

◆説明用資料15　小児慢性特定疾病医療費助成制度

小児慢性特定疾病医療費助成制度

> ### 対象者

小児慢性特定疾病［検索］

　小児慢性特定疾病にかかっている18歳未満の児童が対象です。ただし，18歳到達時点において本事業の対象になっており，引き続き治療が必要と認められる場合には20歳まで助成されます。2021年11月1日時点で788疾病が対象とされています。

> ### 助成の内容

　1．自己負担割合　2割になります。
　2．さらに下記の自己負担限度額が設けられています。

階層区分	階層区分の基準 （　）は，夫婦2人子1人世帯の 年収の目安		患者負担割合　2割		
			自己負担上限額 （外来＋入院）		
			一般	重症（※）	人工呼吸器 等装着
上位所得	市町村民税25.1万円以上 （収入約850万円以上）		15,000円	10,000円	500円
一般所得Ⅱ	市町村民税7.1万円以上25.1万円未満 （収入約430万円〜約850万円）		10,000円	5,000円	
一般所得Ⅰ	市町村民税7.1万円未満 （収入約200万円〜約430万円）		5,000円	2,500円	
低所得Ⅱ	市町村民税 非課税	収入約80万円超	2,500円	2,500円	
低所得Ⅰ		収入約80万円未満	1,250円	1,250円	
生活保護			0円	0円	0円
入院時の食費			1/2自己負担		

※　重症とは，①高額な医療費が長期的に継続する者（総医療費が5万円／月（たとえば医療保険の2割負担の場合，医療費の自己負担が1万円／月）を超える月が年間6回以上ある場合），②現行の重症患者基準に適合するもの，のいずれかに該当する人をいいます。

【例】総医療費10万円のとき（自己負担割合3割（一般所得Ⅰ）の人）

上限5千円

7万円	助成2.5万円	
医療保険が負担		

本来3万円の負担のところ，5千円になります

> ### 相談窓口

　都道府県・指定都市により異なりますので，各都道府県・指定都市にお問い合わせください。

8　特定疾病療養費（高額長期疾病）

人工透析を受けることになりました。

　人工透析などの長期にわたり高額な医療費が必要になる特定疾病には「特定疾病療養費制度」があり，自己負担額の上限が適用されます。

➢ 対象になる人

　対象になるのは，特定の疾病（下記の表の疾病）の治療を受ける人に限られます。

➢ 助成の内容

　1カ月の自己負担額の上限が1万円になります。ただし，人工透析が必要な慢性腎不全患者のうち70歳未満の一定以上の所得のある人は2万円です。

　外来，入院，薬局等それぞれの負担となり，入院時の食事代は対象になりません。薬局の負担額がある場合は，医療機関の外来診療分の負担金額と合算して1万円（一部は2万円）を超えた分が特定疾病療養費の対象です。

【特定疾病療養費の自己負担限度額】

疾病	所得区分	自己負担額
血友病患者（血漿分画製剤を投与している第Ⅷ因子障害および第Ⅸ因子障害）	なし	10,000円
血液凝固因子製剤の投与に起因する後天性免疫不全症候群	なし	10,000円
人工透析が必要な慢性腎不全	（70歳未満）所得600万円超，標準報酬月額53万円以上	20,000円
	上記以外	10,000円

◆説明用資料16　特定疾病療養費制度

特定疾病療養費制度

➢ **対象者**

下記の治療を受ける人

- 先天性血液凝固因子障害の一部
- 人工透析が必要な慢性腎不全
- 血液凝固因子製剤の投与に起因する HIV 感染症

➢ **助成の内容**

自己負担額の上限が1カ月当たり1万円になります。これは医療機関ごとに入院・外来別の限度額です。人工透析を実施している慢性腎不全患者のうち，70歳未満の一定以上の所得がある人は2万円が上限です。加入する健康保険・国民健康保険で「特定疾病療養受療証」の交付を受ける必要があります。

総医療費30万円のとき（自己負担割合3割の人）

➢ **その他の助成制度**

残りの自己負担額について他の制度が利用できる可能性があります。

- 先天性血液凝固因子障害等治療研究事業
  対象疾患は，第Ⅷ因子欠乏症（血友病A），第Ⅸ因子欠乏症（血友病B），血液凝固因子製剤の投与に起因する HIV 感染症　など
- 重度心身障害者医療費助成制度
- 障害者自立支援医療制度
- 高額療養費制度

➢ **相談窓口**

都道府県・保健所等

9　感染症助成

感染症で治療を受けることになりました。

国が法律で定めた感染症にかかったとき，感染症指定医療機関による治療を公費で受けることができます。

➤ 対象になる人

感染症助成の対象になるのは，国が法律で定める感染症にかかり，まん延を防止するための入院の勧告・措置により入院した人です。

➤ 助成の内容

医療費が公費負担になるので，原則として自己負担はありません。

➤ 国が法律で定める疾病の範囲

一類感染症（7疾病）	エボラ出血熱，クリミア・コンゴ出血熱，痘そう（天然痘），ペスト，マールブルグ病，ラッサ熱，南米出血熱
二類感染症（7疾病）	急性灰白髄炎（ポリオ），ジフテリア，重症急性呼吸器症候群（病原体がSARSコロナウイルスに限る），結核，鳥インフルエンザ（H5N1，H7N9），中東呼吸器症候群（病原体がMERSコロナウイルスに限る）
新感染症	人から人に伝染すると認められる疾病であって，すでに知られている感染性の疾病とその病状または治療の結果が明らかに異なるもので，危険性が高い感染症
新型インフルエンザ等感染症	新型コロナウイルス感染症など

※　感染症には，上記のほかに，三類感染症，四類感染症，五類感染症，指定感染症があります。

➤ 相談窓口

住所地の保健所が窓口です。医療費公費負担申請書等を提出します。

10　肝炎治療医療費の助成

肝炎治療の医療費が高くて大変です。

　肝炎治療（インターフェロン治療，インターフェロンフリー治療，核酸アナログ製剤治療）に対する医療費の助成があります。

➤ 対象になる人

　肝炎治療医療費助成の対象になるのは，下記の医療を受けている人です。

- B型・C型肝炎　インターフェロン治療
- C型肝炎　インターフェロンフリー治療
- B型肝炎　核酸アナログ製剤（ラミブジン，アデホビル，エンテカビル，テノホビル）

　治療法によって，助成期間が異なります。

➤ 助成内容

　自己負担限度額は世帯の市町村民税額により，１万円または２万円です。世帯の市町村民税額は，原則として，本人と同じ住民票上の世帯全員の市町村民税額を合算して決定されるため，税制上，医療保険上の扶養関係にないと認められれば合算対象から除外されます。

　たとえば，C型慢性肝炎のAさん（市町村民税課税年額20万円）とAさんの息子さん（市町村民税課税年額16万円）は，同居して住民票を一にしているので，自己負担額は２万円です。しかし，実際には生計を別にしています。息子さんを合算対象から除外する申請が認められれば１万円になります。

世帯の市町村民税 （所得割）課税年額	自己負担限度額 （月額）
235,000円以上	20,000円
235,000円未満	10,000円

➤ 相談窓口

　都道府県により申請先が異なりますので，各都道府県に確認してください。

Ⅲ　医療費控除を活用する

> 所得税を支払っている世帯であれば，医療費控除，セルフメディケーション税制が利用できるかもしれません。

1　医療費控除

> 高額療養費を利用しても，まだ医療費負担が大きいです。

> 1年間に支払った医療費や介護保険サービス利用費などの自己負担額の総額が10万円を超えるときには，医療費控除が利用できます。

➢ 医療費控除の概要

　前年（1月1日〜12月31日）に支払った医療費が10万円以上であれば，確定申告により所得税が還付されます。支払った医療費（高額療養費や保険金等で補填される金額は除く）や介護保険サービス利用費（福祉用具貸与や生活支援サービスなどを除く），おむつ代金などの自己負担額の総額が10万円を超えたとき，最高200万円までの医療費控除を受けることができます。

　所得合計金額が200万円未満の人は，基準の「10万円」が「所得合計金額の5％」になります。なお，非課税世帯の場合は，控除する所得がないので，この制度を利用しても還付は受けられません。

➢ おむつ代の医療費控除

　おむつ代は，6カ月以上寝たきり状態で，医師が必要と認めた場合に限られます。「おむつ使用証明書」が必要になる場合があります。

> おむつ代は意外と大きな負担なので対象になるかを確認！

◆説明用資料17　医療費控除

医療費控除

　1月1日から12月31日に支払った医療費が一定額を超えていたとき，確定申告をすることにより，所得税が還付されることがあります（最高200万円）。

- 所得合計金額200万円以上→実際に支払った金額が10万円以上のときに控除

$$\boxed{\begin{array}{c}1年間に支払った\\医療費等総額\end{array}} - \boxed{\begin{array}{c}高額療養費等\\補てん金額\end{array}} - \boxed{10万円} = \boxed{\begin{array}{c}医療費\\控除額\end{array}}$$

- 所得合計金額200万円未満→実際に支払った金額が所得金額の5％以上のときに控除

$$\boxed{\begin{array}{c}1年間に支払った\\医療費等総額\end{array}} - \boxed{\begin{array}{c}高額療養費等\\補てん金額\end{array}} - \boxed{\begin{array}{c}所得合計金\\額等の5％\end{array}} = \boxed{\begin{array}{c}医療費\\控除額\end{array}}$$

【医療費控除の対象になるもの（一部抜粋）】　　　資料：国税庁「医療費を支払ったとき」

	医療保険	介護保険
医療控除の対象（抜粋）	・医師または歯科医師による診察や治療の費用 ・治療や療養に必要な医薬品の購入費用 ・病院，診療所等に入院するための費用や食事代 ・治療に必要なあん摩マッサージ指圧師，はり師，きゅう師，柔道整復師による施術の費用 ・保健師，看護師，准看護師等による療養上の世話の費用（家政婦の付添いを含む） ・医師等による診察等を受けるための通院費 ・医師等の送迎費 ・入院の際の部屋代や食事代の費用 ・コルセットなどの医療用器具等の購入代やその賃借料で通常必要なもの ・治療に必要な義手，義足，松葉杖，補聴器，義歯，眼鏡などの購入費用 ・6カ月以上の寝たきりの人のおむつ代（医師が必要と認めた場合）	【居宅サービス】 ・訪問看護 ・訪問リハビリテーション ・居宅療養管理指導（医師等による管理・指導） ・通所リハビリテーション（医療機関でのデイサービス） ・短期入所療養介護 【上記と併せて利用する次のサービス】 ・訪問介護（生活援助中心型を除く） ・訪問入浴介護 ・通所介護 ・短期入所生活介護 【施設サービス】 ・介護療養型医療施設や介護老人保健施設での介護費，食費，居住費の自己負担額 ・介護老人福祉施設での介護費，食費，居住費の自己負担額の2分の1に相当する金額
控除の対象外（抜粋）	・入院のための身の回り品の購入代 ・医師や看護師に対する謝礼代 ・本人や家族の都合だけで個室に入院したときなどの差額ベッド代 ・付添人に支払う所定の付添料以外の心付け ・親族に支払う療養の世話代 ・自家用車で通院する場合のガソリン代や駐車場の料金	・訪問介護（生活援助中心型） ・認知症対応型共同生活介護 ・福祉用具貸与 ・特定施設入居者生活介護（有料老人ホーム等） ・介護予防福祉用具貸与 ・地域支援事業の訪問型サービス（生活援助中心のサービス） ・地域支援事業の通所型サービス（生活援助中心のサービス） ・地域支援事業の生活支援サービス

- 申告期間：翌年2月16日～3月15日
- 申請窓口：住民登録のある市区町村管轄の税務署

2　セルフメディケーション税制

医療費控除が利用できませんでした。

　医療費控除以外に，セルフメディケーション税制があります。2018年1月から2026年12月分までの期限付きで導入された制度です。

➢ セルフメディケーション税制とは

　セルフメディケーション税制は，医療費等が12,000円を超えたときに利用できます。12,000円を超えた分（上限88,000円）が，その年分の総所得金額等から控除されます。対象になるのは自分または生計を一にする配偶者その他の親族のために支払った病院の診察・治療代，通院時にかかった交通費，市販薬代などです。

医療費控除が利用できなくても，セルフメディケーション税制がある

　従来の医療費控除に比べて年間支払額が小さくても制度利用が可能な一方，どの市販薬が対象になるかを把握する必要があります。対象になる医薬品は厚生労働省のホームページにて公表されています。また，対象の医薬品は，購入した際の領収書（レシート）に控除対象であることが記載されていますし，一部の対象

○○薬局

◆　領収書　◆

××年11月11日　13：00

★　イブA錠EX	¥888
ハン	¥298
イチ	¥777
★	¥953
マス	¥306

セルフメディケーション 税 控除 対象

小計　5点	¥3,222
合計	¥3,222
内消費税	¥293
お預かり	¥3,300
お釣り	¥78

★印はセルフメディケーション税制対象商品です

医薬品のパッケージにはセルフメディケーション税制の対象である旨を示す識別マークが掲載されています。「医療費控除」と「セルフメディケーション税制」は併用することができません。どちらを利用するかを考え，申告する必要があります。

第2章

働けないときに利用できる制度

　病気やケガで働くことができないとき，治療のことや仕事のことなど，考えることや決めることがたくさんあり，不安に思うことも多いでしょう。
　病院などの相談会では，「傷病手当金」の相談が多く寄せられます。

　傷病手当金は，会社の健康保険に入っている人の生活を支えるための制度です。
　療養中の収入が傷病手当金だけの人も多く，「この給付がなくなったら……」と不安に思うようです。
　また，傷病手当金の存在を知らない人が意外と多く，もらい損ねていることもあります。

　第2章は，医療保険制度を活用するための次の2つを取り上げています。

　1．傷病手当金制度を活用する
　2．医療保険制度のしくみを活用して保険料の負担を軽減する

　傷病手当金は，相談の多い部分なので，制度全般を記載しています。
　各々の対応が難しい相談は，加入する健康保険を案内すればよいです。
　医療保険の保険料についても，減額される方法が複数あることを把握したうえで，相談窓口を案内すれば，次につなげることができます。

Ⅰ　傷病手当金を活用する

　会社の健康保険に入っている人が，病気やケガで働けないときに支給されるのが「傷病手当金」で，その役割は生活保障です。会社が手続方法を指示してくれる場合も多いのですが，その存在を知らずに利用していない人もいます。また，傷病手当金は支給される期間が決まっているため，その期限が迫り不安に思った人からの相談も多いです。2022年1月からは，少しルールが変更になりました。概要を理解しておきましょう。

1　傷病手当金の制度を大まかに確認

傷病手当金って，誰でも受けられるの？

　傷病手当金は，誰でも受けられるものではありません。健康保険に加入する会社員などに限られます。

➢ 傷病手当金とは

　傷病手当金は，健康保険に加入する被保険者が，病気やケガの療養により働くことができなくなり，十分な報酬を受けられないときに受給できるものです。生活を保障するために設けられた制度であるため，利用できるのは会社等に勤める本人だけで，扶養されている家族は対象になりません。雇用形態は問われず，正社員，契約社員，派遣社員，パートなどが対象であり，健康保険に加入している期間も問われません。

　"パートも対象になる"といっても，会社で働いているすべてのパート従業員が対象となるわけではありません。ポイントは健康保険（社会保険）に加入しているかどうかです。たとえば，働いている会社の健康保険に未加入で，家

族の扶養に入っている人は傷病手当金の対象になりません。

　退職後の任意継続被保険者（78頁）も傷病手当金の対象になりませんが，一定の要件を満たせば退職後も引き続き支給されることがあります（64頁）。なお，対象になるのは業務外の病気やケガです。業務上の病気やケガは労災保険（150頁）の対象です。

➤ **国民健康保険に加入している人の傷病手当金**

　自営業の人や会社を退職した人が入る国民健康保険においては，原則として傷病手当金制度はありませんが，場合によっては実施されることがあります。たとえば，2020年には，「勤務先から給与の支払を受けている被保険者で，新型コロナウイルス感染症に感染，療養のため連続する3日間を超えて仕事を休み，その間の給与の支払いを受けられなかった人」を対象にして，期間限定で実施されました。

　同一業種による国民健康保険組合には，独自の傷病手当金制度が設けられている場合がありますので，加入している国民健康保険組合への確認が必要です。

【医療保険ごとの傷病手当金】

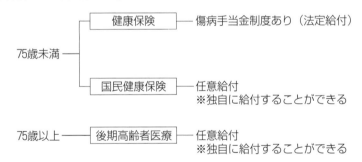

COLUMN ☕

　2020年度全国健康保険協会の調査報告によれば，傷病手当金の受給の原因となった傷病別の件数は，精神および行動の障害が全体の32％と一番多く，次いで新生物の17％です。退職後の傷病手当金を受給している人は，全体の20％程度であり，その半数を精神および行動の障害が占めています。

2　傷病手当金の要件

> 傷病手当金はどんなときに受けられるの？

傷病手当金を受けるためには4つの要件があり，そのすべてを満たす必要があります。

➤ 傷病手当金の4つの要件

傷病手当金を受給するには，下記の4つの要件を満たす必要があります。

① 　業務外の事由による病気やケガの療養のための休業であること
② 　仕事に就くことができないこと
③ 　連続する3日間を含み4日以上仕事に就けなかったこと
④ 　休業した期間に給与の支払がないこと

大まかにいえば，病気やケガで4日以上仕事ができず，給与の支払がなかったときに，傷病手当金が支給されます。

　傷病手当金を受給するには，4つの要件をすべて満たすこと

➤ 業務外の事由による病気やケガの療養のための休業であること

1つ目の要件は，業務外の病気やケガで療養しているために働けないことです。療養が必要な状態であれば，自宅療養も対象です。健康保険の対象外の診療（自由診療）を受ける場合も対象になります。ただし，業務上や通勤途中のケガなどの労災保険の対象になるものや，美容整形手術等は対象外です。

➤ 仕事に就くことができないこと

2つ目の要件は，仕事に就くことができないことです。仕事に就くことができるかできないかの判定は，必ずしも医学的な基準ではなく，医師の意見，被保険者の仕事内容などを考慮して判断されます。本人の自己申告により判断されるものではありません。

➢ 連続する３日間を含み４日以上仕事に就けなかったこと

　３つ目の要件は，連続する３日間を含み４日以上仕事に就けなかったことです。傷病手当金は，３日間連続して休んだ後，４日目以降の仕事に就けなかった日に対して支給されます。この３日間を「待期期間」といい，有給休暇，土日・祝日等の公休日を含むため，給与の支払の有無は関係ありません。ただし，連続していなければなりません。

【傷病手当金の待期期間】

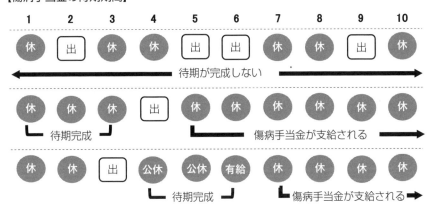

➢ 休業した期間に給与の支払がないこと

　４つ目の要件は，休業した期間に給与の支払がないことです。傷病手当金は生活保障のための制度ですから，病気やケガで働けない状態であっても，給与が支給されているのであれば，対象になりません。ただし，給与が傷病手当金の額より少ないときは，その差額が支給されます。

COLUMN

　傷病手当金が受けられる状態であるにもかかわらず受けていない人は多くいます。会社の担当者のなかには傷病手当金を知らない人もいて「会社が全部手続してくれるはず」と思っていると受給し損ねることがあります。２年間は遡って請求手続が可能です。

3　傷病手当金の金額

傷病手当金はいくら支給されるの？

傷病手当金は，それぞれの人の標準報酬月額をもとに計算されます。

➢ 傷病手当金の額

　傷病手当金の1日当たりの支給額は，直近12カ月の標準報酬月額を平均し，それを30日間で割った額の3分の2です。標準報酬月額と毎月の給与額は異なりますが，いつもの給与のおおよそ3分の2が保障されると考えればよいでしょう。

　標準報酬月額とは原則として4・5・6月の給与の平均額を等級表に当てはめて決定されるものです。たとえば3カ月の平均額が25万円のときの標準報酬月額は等級表に当てはめると26万円です。

直近12カ月の標準報酬月額の平均額÷30日×2／3

　たとえば，直近12カ月の標準報酬月額の平均額が30万円のとき，1日当たりの金額は，30万円÷30日×2／3＝6,667円となり，1カ月分に換算すると約20万円です。標準報酬月額が高い人ほど傷病手当金の額も高くなります。

傷病手当金の額は，いつもの給与のおおよそ3分の2

➢ 入社して間もない人にも支給

　傷病手当金は入社してからの期間が短い人にも支給されます。その場合には，「直近12カ月の標準報酬月額の平均額」をもとに計算することができないため，次の①②のうち，いずれか少ないほうの金額を用いて計算します。

　　①　支給開始日の属する月以前の継続した各月の標準報酬月額の平均額

　　②　前年度9月30日における全被保険者の同月の標準報酬月額の平均額

4　傷病手当金の支給期間

傷病手当金はどのくらいの期間支給されるの？

　　傷病手当金が支給される期間は１年６カ月です。支給期間の数え方のルールが2022年１月から変更になりました。

➤ 傷病手当金の支給期間

　支給される期間は１年６カ月です。2021年以前は，支給を開始した日から最長１年６カ月が限度でした。たとえば，１年６カ月経過前にいったん仕事に復帰し，その後再び同じ病気やケガにより仕事に就けなくなったときは，復帰期間中の傷病手当金を受給していない期間も含めて１年６カ月が限度でした。

　2022年１月からは，「通算して１年６カ月分」を限度に支給されます。共済保険では以前から通算の取扱いでしたが，民間企業に勤める人が加入する健康保険も同様のルールになりました。

　　　傷病手当金は，通算１年６カ月分が支給されるようになった

【傷病手当金の支給期間】

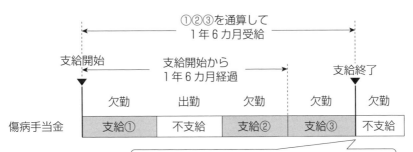

5 違う傷病が2つあるとき

傷病手当金は何度でも受けることができるの？

「1年6カ月」の支給期間は，同じ傷病の傷病手当金の上限なので，別の傷病により傷病手当金の要件を満たせば，新たに受給することができます。

➤ 別の病気やケガによる傷病手当金の受給

別の病気やケガで傷病手当金の要件を満たせば，新たに傷病手当金を受給することができます。たとえば，A病で傷病手当金を1年6カ月分受給した後に，B病により働けない状態となり要件を満たしたときは，B病に係る傷病手当金が1年6カ月分支給されます。

別の傷病で要件を満たせば，新たに傷病手当金が受給できる

➤ 傷病手当金の支給期間が重複したとき

A病の傷病手当金の支給期間が満了する前にB病が発生すれば，2つの支給期間が重複します。重複する期間はいずれか多い額が支給されます。また，重複した期間はそれぞれの傷病手当金の支給期間に含まれます。

【2つの傷病手当金を受けられるとき】

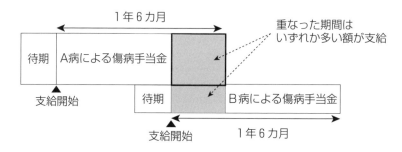

6　同じ傷病が再発したとき

再発したときは，再度受給できるの？

　同じ病気やケガであっても，いったん治癒したと判断されれば，新たに傷病手当金が受給できます。

➤ 同じ病気やケガが再発したとき

　傷病手当金を1年6カ月分受給後に治癒し，一定期間後に同じ病気やケガが再発したときは，別傷病とみなされることがあります。傷病手当金は同じ病気やケガにつき1年6カ月分の受給が限度ですが，再発時に傷病手当金の要件を満たせば，新たに傷病手当金を受給できます。

➤ 社会的治癒と判断されるとき

　「治癒」は医学的判断だけでなく「社会的治癒」も含みます。社会的治癒は医学的には同じ傷病であっても，前の傷病と後の傷病を分けて「社会通念上の治癒」として取り扱うことをいいます。数年後に再発（再燃）するまで特段の療養もなく通常の社会生活が送れていたのであれば，社会的治癒と認められる可能性があります。たとえば，がんが再発したときに傷病手当金が再度支給された事例があります。症状や経過，受診状況などから個別に判断されます。

同じ傷病が再発したときは，再度傷病手当金が支給されることがある

【社会的治癒による傷病手当金の再受給】

| 待期 | A病による傷病手当金 | 復職（社会的治癒） | 待期 | A病再発による傷病手当金 |

7　退職後の傷病手当金

傷病手当金は退職しても受給できるの？

傷病手当金は，会社の健康保険加入中に利用できる制度なので，退職すると原則受けられません。ただし，例外的に受給できるときがあります。

➢ 退職後の傷病手当金の要件

「働くことができなくて退職するのだから，退職後も当然に傷病手当金が受けられる」と思う人は多いのですが，そうではありません。退職後は傷病手当金が支給されないことが原則です。ただし，例外があります。下記の３つの要件をすべて満たす場合には，退職後の傷病手当金が支給されます。

① 　退職日までに会社の健康保険に継続して１年以上加入していること
② 　退職日に傷病手当金を受けている，もしくは受けられる状態にあること
③ 　上記と同一傷病により，退職後も労務不能状態が続いていること

②の要件は実際に受けているときのほか，休んでいるが給与の支払があるため（有給休暇等），傷病手当金の支給が実際に行われていない状態を含みます。退職日に数時間でも勤務したときは，この要件を満たさなくなります。

➢ 退職後の傷病手当金が支給される期間

支給期間は在職中に受給した分を含めて，１年６カ月が限度です。退職後は断続して受けることはできませんので，働いたりして「受給できない日」が１日でもあれば，再び労務不能になったとしても，その後の傷病手当金を受けることができなくなります。

退職後に１日でも働けば，その後の傷病手当金は受給できない

Case 1　被保険者期間が継続して１年以上あるか

　精神疾患により会社を６カ月休職したあと，復帰が難しいと自分で判断をして退職した人がいました。休職中は傷病手当金を受給していて，退職後も受給できると思っていました。ところが退職後に傷病手当金の手続をしたところ「不支給」との通知を受けました。理由は「入社から10カ月しか経過していない」でした。

　継続した被保険者期間が１年未満の人は，在職中の傷病手当金を受けることはできても，退職後の傷病手当金を受給できません。退職前のご相談であれば，退職時期を少し先に延ばすようにとのアドバイスができます。

Case 2　連続する３日間（待期期間）を含む４日以上休んでいるか

　仕事ができる状態ではないものの，責任感から退職ギリギリまで働いていた人がいました。当然，在職中は傷病手当金を受給していません。退職してすぐに療養に入りましたが，退職後の傷病手当金を受給できませんでした。

　退職前に，連続する３日間（待期期間）を含む４日以上休んでいる日がなければ，退職後の傷病手当金は受給できません。退職前のご相談であれば，せめて最後の４日間は無理をせず休むようにとのアドバイスが可能でした。

【退職後の傷病手当金の要件確認チャート】

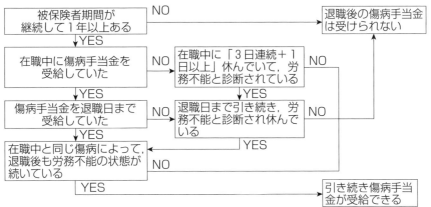

8　障害厚生年金を受けるとき

障害厚生年金と傷病手当金は両方受給できるの？

　同一の病気やケガによる障害厚生年金と傷病手当金の両方を受給することはできません。障害厚生年金が優先になります。

➤ 障害厚生年金を受給しているとき

　同一の理由で障害厚生年金と傷病手当金（56頁）を受けることができるとき，重複する期間については傷病手当金を受給できません。ただし，障害厚生年金が傷病手当金より少ないときは，差額を受給することができます。具体的には，障害厚生年金の額の360分の1が傷病手当金の額より少ないときは，差額が支給されます。障害基礎年金と障害厚生年金が支給されるときは合算額と傷病手当金の額を比べます。障害手当金の場合は，その支給額を上回るまで傷病手当金を受給することができません。受給する年金が障害基礎年金だけであれば，傷病手当金は受給できます。また，別の病気やケガによるものであっても受給可能です。

同一傷病による障害厚生年金と傷病手当金については，障害厚生年金が優先支給

➤ 傷病手当金を先に受けているとき

　傷病手当金を受給した後で，障害厚生年金を請求し受給することになったときは，重複する期間に係る傷病手当金は返納しなければなりません。次頁の図を参考にしてください。

　なお，重複する期間について，障害厚生年金の額が傷病手当金の支給額より多いときは，傷病手当金が不支給となるため，その支給期間（通算1年6カ月分）に含まれません。障害厚生年金の額が傷病手当金の支給額より少ないときは差額が支給されることになるため含まれます。

◆説明用資料18　障害厚生年金と傷病手当金の両方を受けられるとき

障害厚生年金と傷病手当金の両方を受けられるとき

　同一の病気やケガで，障害厚生年金と傷病手当金の両方を受けることができるとき，重複する期間は，傷病手当金を受けることができません。

　ただし，障害厚生年金より傷病手当金の金額が多いときは差額が支給されます。障害基礎年金と障害厚生年金が支給されるときは合算額と比べます。

１．障害厚生年金より傷病手当金の金額が多いとき

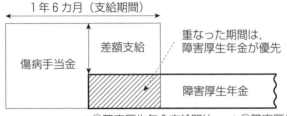

２．障害厚生年金より傷病手当金の金額が少ないとき

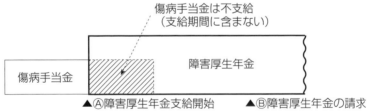

- 受給する年金が障害基礎年金のみの場合，傷病手当金は受給可
- 別の病気やケガによる障害厚生年金の場合，傷病手当金は受給可

【注意点】

　たとえば，Ⓑ時点で障害厚生年金の請求手続を行い，Ⓐ時点から受給できるようになったときは，重複する期間は障害厚生年金が優先されるため，すでに受給している////////期間の傷病手当金を返納しなければなりません。健康保険によって扱いが異なりますが，一般的には加入する健康保険から返納通知が届きます。早いうちに精算を希望するのであれば，加入する健康保険に対して，障害厚生年金を受給することになった旨を連絡するとよいでしょう。

9　老後の年金を受けるとき

老後の年金と傷病手当金は両方受給できるの？

　老後の年金と退職後の傷病手当金の両方を受給することはできません。老後の年金が優先になります。

➢ 在職老齢年金を受給しているとき（在職中）

　老齢厚生年金などの老齢退職年金給付（「老後の年金」といいます）は，原則として65歳から支給されます。現在は段階的に60歳から65歳に引き上げられている時期であり，65歳前から受給している人がいます。

　一方で，厚生年金に加入できるのは70歳までです。つまり，60歳から70歳の人のなかには，厚生年金に加入しながら老後の年金を受給する人がいます。

　厚生年金に加入しながら受給する老後の年金のことを「在職老齢年金」といいます。在職老齢年金を受けている人が，傷病手当金を受給するようになっても調整されることはありません。傷病手当金は全額受給できます。

➢ 老後の年金を受給しているとき（退職後）

　傷病手当金を受給していた人が退職すると，要件を満たせば，退職後の傷病手当金を受給できます（64頁）。

　しかし，その要件を満たしたとしても，老後の年金を受給できるのであれば，傷病手当金は原則として受給できません。ただし，老後の年金が傷病手当金より少ないときは，差額を受給することができます。具体的には，老後の年金額の360分の1が傷病手当金の額より少ないときは，差額が支給されます。傷病手当金を受給していた60歳以上の人が退職するときには注意が必要です。

 老後の年金と退職後の傷病手当金の両方を受けることはできない

◆説明用資料19　老後の年金と傷病手当金の両方を受けられるとき

老後の年金と傷病手当金の両方を受けられるとき

1．在職中のとき

　老後の年金（老齢厚生年金など）を受けている人が，傷病手当金を受給するようになっても，調整はありません。傷病手当金は受給できます。

2．退職したとき

　老後の年金（老齢厚生年金など）を受けている人が，退職後の傷病手当金を受給できる場合には，原則として傷病手当金は受給できません。ただし，老後の年金が退職後の傷病手当金より少ないときは差額が支給されます。

【老後の年金より退職後の傷病手当金の金額が多いとき】

【老後の年金より退職後の傷病手当金の金額が少ないとき】

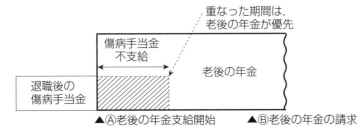

【注意点】

　たとえば，Ⓑ時点で老後の年金の請求手続を行い，Ⓐ時点から受給できるようになったときは，////////の期間は老後の年金が優先されるため，すでに受給している傷病手当金を返納しなければなりません。

　加入する健康保険に確認が必要です。

第2章
働けないときに
利用できる制度

10　傷病手当金を受けられないとき

傷病手当金が受けられないケースは？

　休業補償給付，出産手当金，報酬，介護休業手当等を受給できるときは，傷病手当金は受けられません。ただし，差額が支給されることがあります。

➢ 休業補償給付と傷病手当金

　労災保険から休業補償給付（152頁）を受けている人が，業務災害以外の事由によって労務不能のときは，原則として傷病手当金は受給できません。ただし，休業補償給付の額が傷病手当金より少ないときは，その差額を受給することができます。

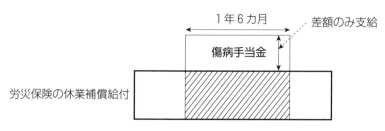

 傷病手当金の金額が他の給付より多ければ，差額が支給される

➢ 出産手当金と傷病手当金

　出産手当金を受給できる期間は，傷病手当金を受けることができません。ただし，出産手当金の額が傷病手当金の額より少ないときは，差額を受給することができます。出産手当金が傷病手当金より多ければ傷病手当金は支給されませんが，支給されていない期間は1年6カ月の支給期間に通算されません。

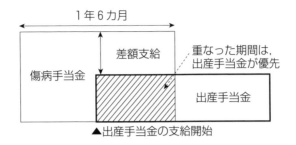

▲出産手当金の支給開始

➤ 報酬と傷病手当金

報酬の全部または一部を受けることができる期間は，傷病手当金を受けることができません。ただし，報酬の額が傷病手当金の額より少ないときは，差額を受給することができます。報酬が傷病手当金より多ければ傷病手当金は支給されませんが，支給されていない期間は1年6カ月の支給期間に通算されません。

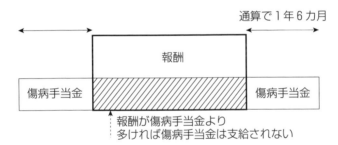

➤ 介護休業手当等と傷病手当金

介護休業期間中であっても，傷病手当金は支給されます。この場合において，同一期間内に事業主から介護休業手当等の報酬と認められるものが支給されているときは，傷病手当金の支給額は，報酬との調整規定により支給調整が行われます。

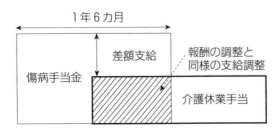

Ⅱ　保険料の負担を軽減する

　家計から出ていくお金を減らすためには，「医療費負担を少なくすること（第1章）」と同様に「保険料負担を少なくすること」も大切な視点です。

1　加入する医療保険の保険料

　加入する医療保険によって保険料は違うの？

　加入する医療保険は，勤務先や年齢によって自動的に決まるときもあれば，本人が選択できるときもあります。

➤ 加入する医療保険

　医療保険には，健康保険，国民健康保険，後期高齢者医療制度があって，私たちは生きている限り，どこかの医療保険に加入しています（2頁）。

　加入する医療保険は，勤務先や年齢によって自動的に決まるときがあります。たとえば，会社員であれば勤務する会社の健康保険に入りますし，公務員であれば一般的には共済保険に入ります。また，75歳になると誰もが後期高齢者医療制度に入ります。一方で，会社を退職したときや働いていないときなど，加入する医療保険を自分で選択できるときもあります。

➤ 加入する医療保険ごとの保険料額

　加入する医療保険を自由に選択できるとしたら，どのような医療保険がよいでしょうか。医療保険ごとに保険料は違いますので，保険給付などに差がないのであれば，「保険料が安い医療保険」を選ぶことで負担が減ります。

　会社の健康保険に入っている人は原則として加入先を変更できませんが，退職時には自身で加入先を決めることになります。その際には一番有利な医療保

険を選択しない手はありません。任意継続被保険者（78頁），国民健康保険（75頁），被扶養者（80頁）の選択肢があります。また，現に国民健康保険に加入している人は，被扶養者（80頁）の要件を満たしていないか見直してみてもよいかもしれません。

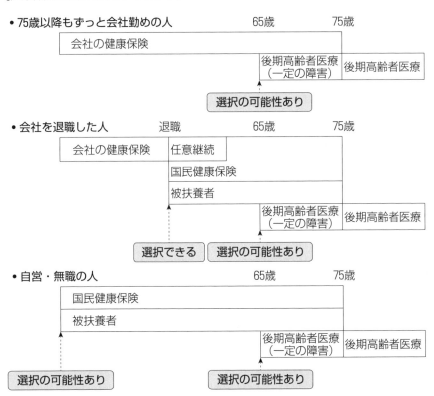

加入する医療保険を自分で選ぶことができる人もいる

【医療保険を選択できるタイミング】

・75歳以降もずっと会社勤めの人
会社の健康保険
後期高齢者医療（一定の障害）
後期高齢者医療
選択の可能性あり

・会社を退職した人
会社の健康保険　任意継続
国民健康保険
被扶養者
後期高齢者医療（一定の障害）
後期高齢者医療
選択できる　選択の可能性あり

・自営・無職の人
国民健康保険
被扶養者
後期高齢者医療（一定の障害）
後期高齢者医療
選択の可能性あり　選択の可能性あり

2　保険料の計算方法

健康保険料はどのように計算されるの？

　医療保険ごとに保険料は異なります。住んでいる地域によっても異なります。健康保険と国民健康保険は計算方法が全く異なります。

➢ 会社の健康保険に加入したとき

●保険料には一般保険料と介護保険料がある

　健康保険料には一般保険料と介護保険料が含まれています。一般保険料は健康保険に加入するすべての人が支払うもので，保険給付等の財源になります。介護保険料は40歳以上65歳未満の人が支払うもので，市区町村の介護サービス等の財源になります。保険料は，標準報酬月額（60頁）に保険料率をかけて算出されます。賞与からも同率の保険料を納めています。

毎月納める健康保険料＝標準報酬月額×保険料率（一般保険料＋介護保険料）

　※　保険料率は，協会けんぽ（都道府県ごと），健康保険組合で異なります。

　保険料のイメージをつかむため事例で考えます。たとえば，協会けんぽ（福岡県）に加入のＡさん（40代独身）とＢさん（40代の妻と小学生の子を扶養）の保険料額を比べます。標準報酬月額は両者とも30万円とします。

●会社の健康保険に加入したとき（2022年度福岡県の場合）

	Ａさん（独身）	Ｂさん（3人家族）
健康保険料／月	17,775円	17,775円

　標準報酬月額が同じであれば家族の有無にかかわらず同額の健康保険料です。家族が多ければ，1人当たりの保険料が割安になります。これは，国民健康保険料と比較するときの大切なポイントです。

➢ **市区町村の国民健康保険に加入したとき**

　国民健康保険料は，市区町村により計算方式が異なります。たとえば，福岡市は，医療分保険料，後期高齢者支援金分保険料，介護分保険料をそれぞれに，所得割，均等割，世帯割に分けて算出し，合計を国民健康保険料としています。それぞれに賦課限度額があります。

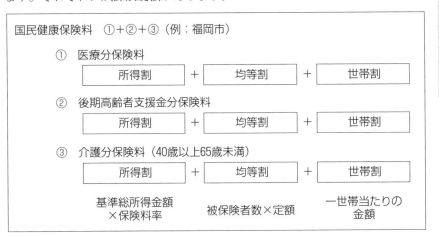

　Cさん（40代独身）と，Dさん（40代の妻と小学生の子あり）の保険料を比べます。給与収入が年360万円とします。

●**国民健康保険に加入したとき　（2022年度福岡市の場合）**

	Cさん（独身）	Dさん（3人家族）
国民健康保険料／月	27,617円	33,442円

※　健康保険との比較のため1カ月当たりの保険料（年額×1/12）

　収入が同じであっても，家族の有無や人数に応じて保険料が違います。国民健康保険料には「扶養」の考え方がないので，人数分の保険料がかかります。

　　健康保険と国民健康保険は，保険料の計算式が全く違う

　健康保険の計算のもとは「標準報酬月額」であり，国民健康保険は「前年所得等」であり，計算のしくみは全く異なります。健康保険のほうが，保険料が少ないと感じたかもしれません。その点は本章Ⅱ4（78頁）に記載します。

3   休職中の健康保険料

会社を休職している期間も健康保険料は
支払わなくてはいけないの？

休職中は社会保険料（健康保険料・厚生年金保険料）を引き続き支払う必
要があります。傷病手当金を受給している人も支払が必要です。

➤ 休職中の健康保険料

　休職していても在職中は社会保険料を支払う必要があります。そのため，療
養中の人から「社会保険料の負担が大きい」との声をよく聞きます。

　たとえば，40代で毎月30万円の給与額の人であれば，約4.5万円の社会保険
料（そのうち健康保険料は約1.8万円）を支払っています。この人が休職中に
受給できる傷病手当金は1カ月当たり20万円程度です。毎月入ってくるお金が
30万円から20万円になっても，引き続き約4.5万円の社会保険料を支払う必要
があります。「何とかならないのか？」と思わずにはいられない金額です。

➤ 会社を退職すれば負担はなくなるが……

　将来的に会社に復職するつもりなら社会保険料を負担し続けるしかありませ
ん。会社に在籍する間は支払う必要があるからです。

　一方で，休職期間を経ても復職の見込みが立たずに退職を考える人もいま
す。会社に迷惑をかけたくないという理由で退職を考える人もいます。早く退
職すれば社会保険料の支払をなくすことができると考える人もいます。

　退職すれば，当然に会社への社会保険料の支払はなくなります。しかし，忘
れてはならないのは，必ずどこかの医療保険に加入しなければならないという
ことです。他の医療保険に変わることによって，かえって支払の負担が増える
こともあるので，注意が必要です。

退職すれば，かえって負担が増えることがある

◆説明用資料20　傷病手当金受給中の社会保険料

傷病手当金受給中の社会保険料負担を減らす手段の有無

　休職中に支払う社会保険料額は，休職前と変わりません。

　退職すれば会社への社会保険料の支払はなくなりますが，他の医療保険料等の支払が必要になることがあります。十分に検討したうえで今後の見通しを考えましょう。

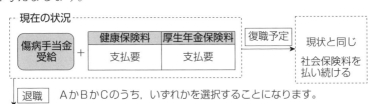

　退職後は会社への社会保険料の支払はなくなりますが，下記A～Cのいずれかの医療保険に入る必要があります。

　※　60歳未満であれば，国民年金保険料の支払が必要です。

　※　退職後は傷病手当金が支給されなくなる場合もあるので事前確認が必要です。

A　家族の健康保険の扶養に入る

退職後の傷病手当金（要件を満たすとき）＋	健康保険料	国民年金保険料
	支払要	支払なし（第3号被保険者）

収入要件があり，傷病手当金が含まれます。1日当たり，3,611円未満，60歳以上または障害のある人は5,000円未満である必要があります。

B　任意継続被保険者になる

退職後の傷病手当金（要件を満たすとき）＋	健康保険料	国民年金保険料
	支払要	支払要

※扶養家族を被扶養者にできる。

在職中の社会保険料より高額になる場合があります。国民年金保険料の支払（家族分を含む）が必要になります。

C　国民健康保険に入る

退職後の傷病手当金（要件を満たすとき）＋	国民健康保険料	国民年金保険料
	支払要	支払要

※家族分も支払う必要がある。

在職中の社会保険料より高額になる場合があります。国民年金保険料の支払（家族分を含む）も必要になります。

4　任意継続被保険者

会社を退職するとき，医療保険はどうなるの？

　退職後も会社の健康保険に加入し続ける「任意継続被保険者」があります。状況によっては，保険料を安く済ませることが可能です。

➤ 在職中の健康保険料は会社と分担

　会社の健康保険と市区町村の国民健康保険を一概に比較することはできませんが，会社の健康保険の保険料のほうが比較的少ないのは，会社が保険料の一部を分担しているからです。

　たとえば，74頁の事例において，標準報酬月額30万円のときの健康保険料は17,775円（介護保険料を含む）でした。これは，本来35,550円（30万円×11.85％）の保険料のところ，会社が半分を負担しています。健康保険組合などでは，会社の負担割合をもっと多くしているところもあります。

➤ 退職後も引き続き加入できる任意継続被保険者

　会社を退職すれば，地域の健康保険である「国民健康保険に入る」（75頁）ことになりますが，他にも，「家族の加入する健康保険の被扶養者」（80頁），「任意継続被保険者」の選択肢があります。

　任意継続被保険者は，在職中に加入していた健康保険に退職後も加入し続けるものです。一部例外はありますが，在職中と同様の保険給付を受けられ，家族を扶養にすることもできます。最長で2年間は継続して加入することができ，途中で抜けることもできます（2022年改正）。健康保険組合のなかには，希望すれば2年を超えて加入できるところもあります。

任意継続被保険者になれば，引き続き家族も扶養に入れられる

　任意継続被保険者の健康保険料は，退職時の標準報酬月額で計算され，会社

の分担はありません。既述の標準報酬月額30万円の例でいえば，35,550円を本人が支払います。現役時代の2倍の金額です。

> **任意継続被保険者の健康保険料の上限**

協会けんぽの任意継続被保険者の保険料には上限があります。たとえば，標準報酬月額65万円の人が支払う健康保険料（介護保険料を含みます）は，約3.9万円（会社が半分負担）ですが任意継続被保険者になると約3.6万円になります。在職中よりも低いのは保険料の上限があるからです。先ほどの事例と比べると下記のとおりです。年度によって上限は変わりますが，現役時代に報酬が高かった人は，保険料を抑えられる可能性があります。

【任意継続被保険者（協会けんぽ）の健康保険料（1カ月当たり）】

	在職中		任意継続被保険者
標準報酬月額30万円の人	17,775円	退職 →	35,550円
標準報酬月額65万円の人	38,512円		35,550円

※　協会けんぽ（福岡県）の保険料額を参照。

健康保険組合は，規約により従前の標準報酬月額をもとにした健康保険料にすることができるため，加入する健康保険組合への確認が必要です。

注意点として，任意継続被保険者になるためには，退職から20日以内に手続が必要です。退職を予定している人へのアドバイスが有効です。

 任意継続被保険者になるためには退職から20日以内の手続が必要

任意継続被保険者の相談窓口は，加入している健康保険です。

【退職後の健康保険には複数の選択肢】

5 家族の扶養

家族の扶養に入ることってできるの？

　健康保険の被扶養者の範囲は広いです。被扶養者になることができれば，保険料の負担をなくすことができます。

➤ 家族の扶養に入ったときの保険料負担

　家族が勤務先の健康保険に加入（被保険者）しているとき，扶養に入る人（被扶養者）として認められると，被扶養者は健康保険料を支払う必要がありません。家族が会社に支払う保険料も増えません。

　被扶養者になるには，被扶養者の範囲と収入基準を満たす必要があります。要件を満たしているのにもかかわらず申請をしていない人がいます。「家族の勤務先に確認してみたら？」のひと言が大きなサポートです。

家族の扶養に入れることを，知らない人がいる

➤ 被扶養者の範囲

　被扶養者になれるのは同居している配偶者や子だけと考えがちですが，実はその範囲は広いです。配偶者（内縁関係を含む），子，孫，兄弟姉妹等であれば同居している必要はありません。また，同居であれば三親等以内の親族も対象です。ただし，75歳以上の人は後期高齢者医療制度に入るので対象外です。

➤ 被扶養者の収入の基準

　被扶養者の年間収入は130万円未満（60歳以上または障害者は180万円未満）であることが要件です。加えて被保険者と同一世帯のときは被保険者の年間収入の2分の1未満であること，同一世帯でないときは被保険者からの援助額より少ないことが基準です。ただし，年間収入の2分の1以上であっても認められることがあるので，加入する健康保険に確認したほうがよいでしょう。

◆説明用資料21　健康保険の被扶養者の範囲と要件

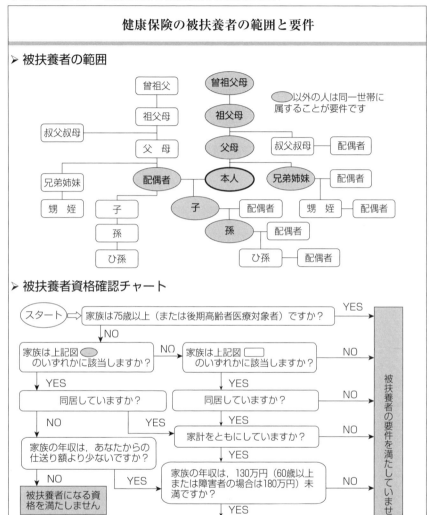

第2章
働けないときに
利用できる制度

6 国民健康保険料の減免（離職者）

国民健康保険料が安くなる方法ってあるの？

国民健康保険には，保険料が減額される制度があります。

➢ 会社都合などで離職した人に対する軽減制度

国民健康保険料の軽減制度として，会社の倒産・解雇・雇止め等の理由で離職した人向けのものがあります。前年度の給与所得を100分の30にして所得割分の保険料が算定されます。軽減されるのは，退職した月（退職日が月末の場合は翌月）からその翌年度末までの期間です。

対象になるのは，公共職業安定所（ハローワーク）で発行される「雇用保険受給資格者証」に記載された離職理由コードが，11・12・21・22・23・31・32・33・34のいずれかに該当する，離職時の年齢が65歳未満の人です。

 雇止め等で離職したときは，申請により国民健康保険料が安くなる

➢ 病気などで自己都合退職したとき

病気などで自己都合退職したときは，要件を満たせば特定理由離職者になるため，軽減制度を利用できます。ただし，利用するには「雇用保険受給資格者証」が必要です。「雇用保険受給資格者証」は，働く意思があって，ハローワークに求職の申込みをした際に発行されるものです。病気などによりしばらく働くことのできない人には，雇用保険受給期間の延長をお勧めしていますが（158頁），その場合には「雇用保険受給資格者証」が発行されないため，軽減制度の対象になりません。つまり，働くことのできない状態であるのにもかかわらず，この減免制度が使えない人がいます。市区町村によっては独自の減免制度が利用できることもあるので，確認が必要です。相談窓口は市区町村の国民健康保険担当課です。

◆説明用資料22　国民健康保険料の減免（離職者）

国民健康保険料の減免（離職者）

> ### 対象になる人

　会社の倒産・解雇・雇止め等の理由で離職した人向けの軽減制度があります。対象は，離職理由コードが下記のいずれかに該当する，離職時の年齢が65歳未満の人です。

雇用保険受給資格者証

1．支給番号	2．氏　　名		
3．被保険者番号	4．性別	5．離職時年齢 6．生年月日	7．求職番号
8．住　所　又　は　居　所			
9．支払方法（金融機関コード・記号（口座）番号）			

10．資格取得年月日	11．離職年月日	12．離職理由
13．60歳到達時賃金日額	14．離職時賃金日額	

離職理由コードが下記であること

離職者区分	離職理由コード	離職理由
特定受給資格者	11	解雇
	12	天災等に起因する事業継続，継続不能となったことによる解雇
	21	雇止め（雇用期間3年以上，雇止め通知あり）
	22	雇止め（雇用期間3年未満，契約更新明示あり）
	31	事業主の働きかけによる正当理由のある自己都合退職
	32	事務所移転に伴う正当理由のある自己都合退職
特定理由離職者	23	期間満了（雇用期間3年未満，契約更新明示なし）
	33	正当理由のある自己都合退職
	34	正当理由のある自己都合退職（被保険者期間12カ月未満）

> ### 軽減の内容

　前年度の給与所得を100分の30にして所得割分の保険料が算定されます。
　軽減されるのは，退職した月（退職日が月末の場合は翌月）からその翌年度末までの期間です。所得による国民健康保険料の軽減制度もあります。詳細は各市区町村の国民健康保険の窓口でご確認ください。

7　国民健康保険料の減免（所得による軽減）

国民健康保険料が安くなる方法ってあるの？

　国民健康保険では所得の低い世帯の保険料が軽減されます。手続は不要ですが，所得を申告していなければ高い保険料を払っている可能性があります。

➢ 所得による保険料の軽減

　医療保険の保険料は所得に応じています。そのうえで，国民健康保険，後期高齢者医療制度は，所得の低い世帯に対して自動的に保険料が軽減されるしくみです。しかし，保険料が軽減される世帯であるにもかかわらず従来の高い保険料を払っていることがあります。それは所得が把握されていないときです。

　保険料の軽減を受けるためには，前年の所得を申告していなければなりません。税務署や市区町村の市民税担当課に対して，所得の申告や給与の支払報告をすでにしているのであれば，改めて申告をする必要はありませんが，そうでなければ国民健康保険所得申告書または後期高齢者医療所得申告書を提出する必要があります。高額療養費の自己負担限度額にも影響します（8頁）。

軽減を受けるには，所得がないなら「ない」との申告が必要

　すでに保険料が軽減されているのか否かは，市区町村や後期高齢者医療広域連合から送られてくる「保険料納入通知書兼納付書」を見れば確認できます。たとえば「7割軽減が適用されています」などの記載があります。手元になければ，市区町村に問い合わせれば確認できます。

8　後期高齢者医療制度

> 75歳になったら後期高齢者医療制度に入らなければならないの？

75歳になるとすべての人が後期高齢者医療制度に入ります。

➢ 後期高齢者医療制度とは

　75歳になると，これまで加入していた健康保険や国民健康保険を抜け，後期高齢者医療制度に自動的に加入します。会社に勤務する人も同様です。また，65歳以上75歳未満で一定の障害があると認定された人（88頁）は，本人の申請により後期高齢者医療制度に加入することができます。

➢ 後期高齢者医療の自己負担割合

　医療機関にかかるときの自己負担割合は総医療費の１割，所得の多い人は３割です。具体的には，単独世帯で年収383万円，夫婦２人世帯で年収520万円を超える場合は３割負担になります。

> 　負担割合が１割から２割に引き上がるのは，課税所得28万円以上かつ，年収が200万円以上（複数世帯は320万円以上）の人です。３年間は激変緩和措置が設けられ，その期間に窓口で払う増加額は１カ月当たり最大3,000円に抑えられます。

また，2022年10月から２割負担が新設されます。

　注意すべきことは，１割負担の要件を満たすからといって，自動的に適用されない人がいることです。たとえば，同一世帯に被保険者が１人のとき，課税所得が145万円未満であれば申請がなくても１割負担になりますが，145万円以上で収入額が383万円未満の人は申請しなければ１割負担になりません。

　被保険者証に自己負担割合が記載されていますので，負担割合が３割となっているときは，後期高齢者医療広域連合に確認をしてみるとよいでしょう。

　後期高齢者医療の負担を１割にするために申請が必要な人がいる

70歳以上の高額療養費（８頁）と同様の制度が利用できます。

9　夫婦の一方が先に75歳に到達したときの減免

> 夫が先に75歳になったら，医療保険はどうなるの？

　夫婦のうち1人が75歳になると，別々の医療保険に加入します。保険料をそれぞれに納めることになるため，負担が増えることがあります。

➢ 会社等で働き続けている夫が75歳になったとき
●保険料の負担が増える

　最近は高齢になっても働き続ける人が増えています。75歳になっても，現役で働いている人も少なくありません。会社の健康保険に入っている人が75歳になると，加入先が後期高齢者医療制度に変わります（85頁）。

　たとえば，75歳の夫と72歳の妻で考えてみましょう。夫が会社の健康保険から後期高齢者医療制度に移行することになったとき，その被扶養者である妻も会社の健康保険を抜けなければなりません。しかし，72歳なので夫と同じ後期高齢者医療制度に入ることはできません。夫以外の家族の扶養に入ることができなければ（80頁），国民健康保険に加入することになります。

　夫が会社の健康保険に加入している間は，被扶養者である妻の分としての保険料は払っていませんでした（74頁）。しかし，夫が75歳になると，夫と妻がそれぞれに個人単位で保険料を納める必要があります。つまり，健康保険，共済保険に加入する会社員や公務員の被保険者が後期高齢者医療制度に加入することにより，世帯全体の保険料負担が増えることがあるのです。

●元被扶養者のための減免制度

　このように扶養家族（65〜74歳）が新たに国民健康保険に加入することになった場合に利用できる減免制度があります。保険料の一部を免除してもらうには申請をしなければならず，申請には健康保険の資格喪失証明書が必要です。相談窓口は，市区町村の国民健康保険担当課です。

> 国民健康保険に加入している夫が75歳になったとき

●保険料の負担が増える

　たとえば，夫婦ともに国民健康保険に加入している75歳の夫と72歳の妻で考えてみましょう。夫が75歳になり後期高齢者医療制度に移行することになっても，妻は国民健康保険に加入したままです。別々の医療保険に加入することになり，世帯全体の支払うべき保険料が増えます。

●軽減措置

　このように国民健康保険の加入者が後期高齢者医療制度へ移行したことにより，同じ世帯の国民健康保険加入者が1人だけとなった場合には，その世帯に対する軽減措置があります。また，移行する前に所得の低い人向けの保険料の軽減措置を受けていた場合には，引き続き利用することができます。ただし，世帯の構成や所得の変更があった場合は，対象から外れる可能性があります。この軽減措置は，原則として申請不要です。

 夫が75歳になると，医療保険の保険料の負担が増えるが，軽減措置がある

【会社の健康保険に加入する夫が75歳になったとき】

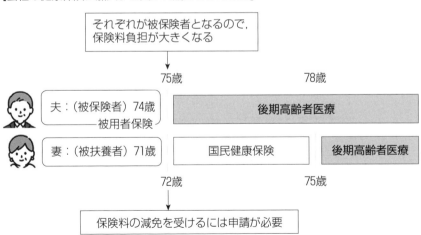

10　65歳以上で一定の障害があるとき

医療費の負担をもっと少なくする方法はないの？

　　65歳以上で一定の障害があれば，申請により後期高齢者医療制度に加入することができます。医療費の自己負担割合が１割になる可能性があります。

➤ 後期高齢者医療制度への移行

　　後期高齢者医療制度は，75歳以上の人が加入する制度ですが，一定の障害がある65歳以上74歳以下の人も申請により加入することができます。

　　後期高齢者医療制度の自己負担割合は１割のため，現在加入の医療保険から移行すれば医療費の自己負担額を軽減することができます。ただし，所得や世帯の状況によっては，負担が増える場合もありますので，事前の確認が必要です。相談窓口は市区町村の国民健康保険課等です。

【後期高齢者医療制度への移行】

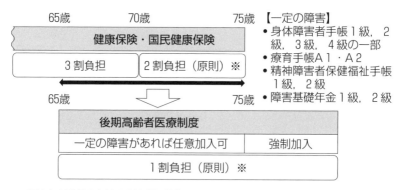

※　一定以上の所得の人は３割負担。後期高齢者医療制度は2022年10月から２割負担が新設。

第3章

障害があるときに利用できる制度

「私は障害年金を受けられるのか？」は，とても多い質問です。

「障害年金のことを誰も教えてくれなかった」という言葉を聞くことも非常に多いです。障害者手帳についても，このようにおっしゃる人は多いです。

何かしらの傷病や障害があるのであれば，障害年金が受給できる可能性を考えてみることです。障害年金が受給できれば生活するうえでの選択肢が増えます。

障害年金を受給できるようになることで，療養に専念することができたり，障害年金の受給を前提にした働き方を考えることができたりします。

しかし，障害年金の制度があることを知らない人は多いですし，知っていても自分が利用できると思っていない人もいます。

そのため，障害年金制度の存在を知らせてあげるだけでも，大きなサポートにつながります。

また，手帳は，障害年金のようにお金が支給されるものではありませんが，たくさんのメリットがあります。

第3章は，障害があるときに利用できる制度として2つを取り上げています。

1．障害年金制度を活用して生活を安定させる
2．障害者手帳を活用してサービスを利用する

こちらから積極的に制度の存在を伝えることで，次につなぐことができます。
「あのとき，教えてもらって本当に助かった」
そういって感謝されると思います。

Ⅰ　障害年金制度を活用する

障害年金の制度があることを知らない人は多いですし，知っていても自分が利用できると思っていない人も多いです。障害年金制度の存在，制度の概要を伝えて，次につなげることが，大きなサポートになります。

1　年金制度のなかの障害年金

障害年金ってどんなときに受けられるの？

公的年金には，老齢年金，障害年金，遺族年金の3種類があります。
　それぞれに，国民年金と厚生年金があり，病気やケガで障害の状態になったときに受けられる給付が，障害年金です。

➤ 年金の給付は3つある

　公的年金の給付には，「老齢年金」「障害年金」「遺族年金」の3つの種類があります。3つの年金には，それぞれに国民年金（基礎年金）と厚生年金があり，国民年金には，日本に住む20歳以上60歳未満のすべての人が加入します。このうち，会社員や公務員は厚生年金にも同時に加入しています。3つの年金を受けるためには，年金の保険料を納めていることが要件となります。

➤ 国民年金の被保険者

　国民年金には第1号被保険者，第2号被保険者，第3号被保険者があります。第1号被保険者は自営業，学生，無職の人などで，自分で国民年金保険料を支払います。第2号被保険者は会社員や公務員で，厚生年金保険料は給与から自動的に天引きされて，国民年金保険料は加入する制度からまとめて支払われています。第3号被保険者は，第2号被保険者に扶養される配偶者で，国民

年金保険料を個人で納付する必要はなく，配偶者が加入する制度から支払われています。

➤ 障害が残ったときの給付

老齢年金は高齢になったとき，障害年金は病気やケガなどで障害が残ったとき，遺族年金は家族が亡くなったときに受けることができる年金です。たとえば，老齢年金は，保険料納付済期間や保険料免除期間が10年以上あれば65歳から支給されます。しかし，それまでに病気やケガなどにより働くことができなくなったときは生活が立ち行かなくなってしまいます。

病気やケガは，予想外の出来事であることが多いです。たとえば，50歳で重篤な障害が残ったとき，老齢年金を受給するまでの10年以上もの期間をどのように生活していけばよいのか，途方に暮れてしまうでしょう。障害年金の役割は，そのようなときの生活保障であり，定期的にお金を受け取れる心強い存在です。

【年金制度のなかの障害年金】

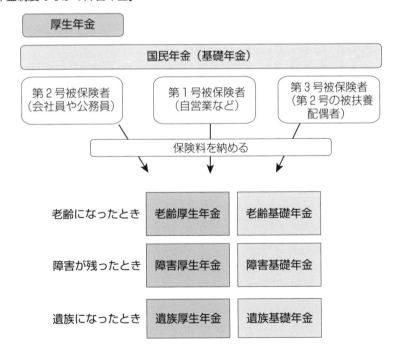

2　障害年金のしくみを大まかに確認

> 障害年金ってどんなしくみになっているの？

　障害年金には障害基礎年金と障害厚生年金があります。加入する制度によって受給する年金が決まります。

➤ 初診日に国民年金に加入していたとき

　自営業者や学生などが国民年金に加入している期間に初診日があれば，障害基礎年金の対象です。「初診日」とは，障害の原因となった病気やケガにより，初めて医師または歯科医師の診療を受けた日のことをいいます。

　20歳になる前や，60歳以上65歳未満（日本在住）の年金制度に加入していない期間に初診日があるときも障害基礎年金の対象で，1級と2級があります。

➤ 初診日に厚生年金に加入していたとき

　会社員や公務員などが厚生年金に加入している期間に初診日があれば，障害厚生年金の対象です。

　障害厚生年金には，1級，2級，3級と，障害手当金（一時金）があります。厚生年金に加入している人は，国民年金にも同時に加入しているので，1級，2級に該当すれば，障害基礎年金も受給できます（一部例外あり）。

➤ 3級程度の障害状態で受給できるのは障害厚生年金のみ

　初診日に加入する制度の違いは後述する年金額に影響します。また，3級程度の障害状態のときには障害年金を受給できるか否かの違いがあります。

　たとえば，人工肛門造設は障害年金の3級相当です。初診日に厚生年金に加入している人であれば3級の障害厚生年金を受給できますが，初診日に国民年金に加入している人であれば受給できません。

　ただし，「国民年金加入中の初診日だから，3級程度の障害状態なら障害年金を受給できない」と最初から決めつけずに可能性を考えます。本人が「初診

日」と考えている日が，必ずしも"正しい"初診日とは限りませんし，障害の状態が2級以上である可能性もあります。

【障害基礎年金と障害厚生年金】

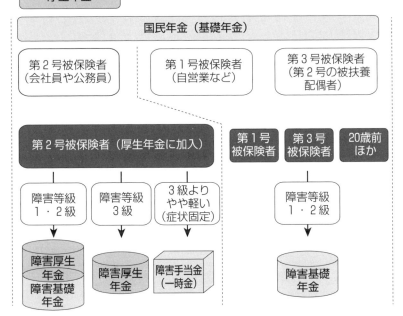

──**Case**────────────────────────────

「人工股関節を置換したので障害年金を受給したい」との相談がありました。会社を辞めてから病院にかかったので，初診日は国民年金に加入中です。人工股関節の置換は3級相当とされているので，障害年金の受給は難しいと思いました。「会社員だった頃に足の調子が悪くて病院にかかったことはないか」と聞くと「ない」との返事です。しかし，数日後メールがあり，「会社員時代に，病院で湿布をもらったことを思い出した」との内容でした。結果として，厚生年金加入中の初診日が認められ，3級の障害厚生年金を受けることができました。

3　障害年金の年金額

障害年金っていくら受けられるの？

障害基礎年金と障害厚生年金は，それぞれ年金額が異なります。

➤ 初診日に国民年金に加入していたとき

　2級の障害基礎年金の年金額は年間約77万円，1級はその1.25倍の約97万円です。また，18歳到達後の3月31日（1級または2級の障害があるときは20歳）までの子があれば加算がつきます。加算額は，第1子と第2子は各約22万円，第3子以降は各約7万円です。

> 　たとえば，2級の障害基礎年金を受給できるようになった人に，小学生の子が3人いるときには，おおよそ下記の年金額になります。
>
> 　障害基礎年金　基本額　　77万円
> 　　　　　　　　子の加算　22万円＋22万円＋7万円
> 　　　　　　　　合計　　　128万円／年

➤ 初診日に厚生年金に加入していたとき

　厚生年金加入中に初診日があれば，障害厚生年金の対象です。厚生年金に加入しているほとんどの人は国民年金にも同時に加入しているので，1級，2級に該当すれば，障害基礎年金と障害厚生年金の両方を受けます。3級には最低保障額（約58万円）があります。

 障害年金が受給できたとき，年金額は最低でも約58万円／年はある

　障害厚生年金の年金額は，これまでの厚生年金の加入状況によって異なります。障害厚生年金が認定されるまで支払った保険料や被保険者期間をもとに計算されるので，収入の多かった（保険料を多く納めている）人ほど年金額が多くなるしくみです。ただし，被保険者期間が300月に満たないときには，300月

あるものとして計算し，配偶者がいれば約22万円の加算があります。

　たとえば，厚生年金加入中に初診日のある傷病で，障害等級2級に該当した人に，妻と小学生の子が3人いるときには，おおよそ下記の年金額になります。障害認定までの会社員期間が10年，その期間の月平均の標準報酬額が30万円とします。

障害厚生年金　　基本額30万円×5.481/1,000×120月×$\dfrac{300月}{120月}$

$\qquad\qquad\qquad\qquad\qquad\qquad=493,290円$

$\qquad\qquad$配偶者加算　　　　22万円
障害基礎年金　　基本額＋子の加算　128万円
$\qquad\qquad$合計　　　　　約200万円／年

※　平成15年4月前の厚生年金加入期間は，5.481を7.125として計算します。

初診日に国民年金に加入していた場合（障害基礎年金）よりも，厚生年金に加入していた場合（障害基礎年金＋障害厚生年金）のほうが年金額が多い

【国民年金加入中に初診日がある人の年金額のイメージ】

1級	2級	3級
障害基礎年金 約97万円	障害基礎年金 約77万円	なし
子の加算 1，2人目　約22万円 3人目以降　約7万円	子の加算 1，2人目　約22万円 3人目以降　約7万円	

【厚生年金加入中に初診日がある人の年金額のイメージ】

1級	2級	3級
配偶者の加算　約22万円	配偶者の加算　約22万円	
障害厚生年金 （報酬比例部分×1.25）	障害厚生年金 （報酬比例部分）	障害厚生年金 （報酬比例部分）
障害基礎年金 約97万円	障害基礎年金 約77万円	※　最低保障（約58万円）あり。
子の加算 1，2人目　約22万円 3人目以降　約7万円	子の加算 1，2人目　約22万円 3人目以降　約7万円	

4 初診日の要件

障害年金って誰でも受けられるの？

　障害年金を受けるための要件は３つあります。初診日の要件，保険料納付要件，障害状態の要件です。この３つの要件をすべてクリアしていなければ，障害年金は受けられません。まずは初診日の要件です。

➢ 初診日の要件

　障害基礎年金，障害厚生年金を受給するためには，障害の原因となった病気やケガの初診日に，次の①～④のいずれかである必要があります。

▲20歳	▲60歳	▲65歳	▲70歳
①20歳未満	②国民年金に加入している	③60歳以上65歳 未満で日本在住	
④厚生年金に加入している			

➢ 初診日とは

　初診日とは，障害の原因となった病気やケガにより初めて医師または歯科医師の診療を受けた日をいいます。具体的には次頁の表のような場合です。

障害年金受給の第１歩は，初診日を特定すること

　初診日が特定できなければ，障害年金を受給する要件を満たすか否かが確認できません。初診日によって受給する障害年金の種類が決まりますし，保険料納付要件（98頁）の基点になるのも初診日です。

【初診日の例】

受診や障害の状況	初診日
当初から同じ病院にかかっているとき →	初めて診察を受けた日
同じ病気やケガで転医したとき →	一番初めに医師等の診療を受けた日
病気やケガが治癒し，その後同じ病気やケガを再度発症したとき →	再度発症し医師等の診療を受けた日
同じ傷病だが，当初は病名が確定しておらず，現在と異なる傷病名だったとき →	当初の傷病名で医師等の診療を受けた日
じん肺症（じん肺結核を含む） →	じん肺と診断された日
障害の原因となった傷病の前に相当因果関係があると認められる傷病があるとき →	最初の傷病で医師等の診察を受けた日
先天性の知的障害（精神遅滞） →	生まれた日
先天性心疾患，網膜色素変性症など →	具体的な症状が出現し，初めて医師等の診療を受けた日
先天性股関節脱臼 →	完全脱臼したまま生育した場合は生まれた日。青年期以降になって変形性股関節症が発症した場合は，発症後に初めて診療を受けた日

第3章
障害があるときに
利用できる制度

Case

　慢性腎不全で障害年金を請求した人から，「初診日が確認できないとの理由で不支給になった」と相談がありました。病院に初めてかかったのが20年以上前のこと。病院にはカルテが残っておらず，何度も年金事務所に行き，やっと請求までたどりついたものの不支給の通知が届いたそうです。

　改めて資料を集めて整理し，初診日が「平成××年の夏頃」であるとして不服申立てを行いました。

　現在は2級の障害厚生年金を受給しています。「夏頃」のように，日付まで確定できなくても，受給できるケースもあります。

5　保険料納付要件

> 一度でも未納があったら障害年金は受けられないの？

　障害年金を受けるための2つ目の要件は保険料納付要件です。障害年金を受けるには，保険料をきちんと納めていなければなりません。ただし，過去に未納期間があっても要件を満たす可能性は十分にあります。

➢ 2つの保険料納付要件

　障害年金を受給するには，保険料をきちんと納付している必要があります。具体的には下記のとおりです。なお，20歳前に初診日がある人には保険料納付要件はありません。

⑴　初診日のある月の前々月までの国民年金の加入期間の3分の2以上の期間について，保険料が納付または免除されていること（3分の2要件）
⑵　初診日において65歳未満であるときは，初診日のある月の前々月までの1年間に保険料の未納がないこと（前1年要件）

➢ 3分の2要件

　保険料納付要件は，"納めていない期間（未納期間）がないか"を確認するものです。「初診日のある月の前々月までの時点で，保険料納付と免除が3分の2以上あること」とは，未納期間があったとしても，それが全体の3分の1未満であれば要件を満たすともいえます。つまり，過去に未納期間があっても保険料納付要件を満たす可能性は十分にあります。

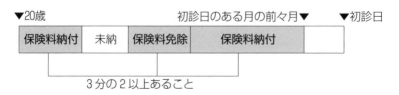

> 前1年要件

「初診日のある月の前々月までの1年間に保険料の未納がない」とは，直近の1年間に未納がなければ，それまでずっと未納であったとしても要件を満たすということです。特例的な扱いなので，初診日が65歳未満の人に限られます。また，初診日が2026年4月1日前にある場合の時限措置です。

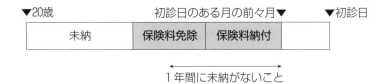

> 昔のルールが適用される人もいる

上記の3分の2要件，前1年要件は，現在のルールであり，保険料納付要件のルールは変遷しています。過去のルールが適用される人もいるので，平成3年5月1日前に初診日があるときは，特に注意が必要です。

> 初診日の「前日まで」に納付していること

「保険料を納付している期間」とされるのは，初診日の前日までに納めたものに限られます。「保険料が免除されている期間」は，初診日の前日までに申請（一部保険料の納付を含みます）がされたものに限ります。

たとえば，交通事故に遭って緊急搬送され，その後障害が残った人がいました。事故に遭った日に母親が保険料を納めていたのですが，残念ながら「納付している期間」とはなりませんでした。前日までに納めた保険料により要件を満たしているかが確認されます。「逆選択」ができないしくみです。

 障害年金は年金保険料を納めていないと受給できないことがある

> 障害年金のことを相談されたとき

「私は障害年金を受けることができるのか？」と聞かれるケースのほとんどは「私の障害状態は障害年金を受給できる程度なのか？」という趣旨です。まずは，初診日の確認と保険料納付要件の確認が必要であることを伝える必要があります。年金事務所で確認できます。

 まずは保険料納付要件をクリアしているかを年金事務所で確認する

6　保険料納付要件を満たさないとき

> 保険料納付要件を満たさないといわれたら，もう無理なの？

保険料納付要件を満たさなければ，障害年金を受けることはできません。ただし，以下に紹介するように，受けられる可能性があるかもしれません。

➢ 保険料納付要件を満たさないとき

　年金事務所等で「保険料納付要件を満たさないので障害年金は受給できない」といわれたら，たいていの人は諦めてしまいます。

　しかし，保険料納付要件は，「初診日の前々月までの期間」の保険料納付状況をみるものなので初診日が違っていればその結果が変わる可能性があります。ただし，当然のことですが，初診日を勝手に変更することはできませんし，受診履歴を偽ることも隠すことも許されません。

　保険料納付要件を満たさないといわれたものの受給できたケースをご紹介します。本人が考えていた日と違う日が初診日と認められています。難しいケースが多いので障害年金専門の社会保険労務士等につなげることも１つの方法です。

　　保険料納付要件がダメといわれても諦めるのはまだ早いかもしれない

Case 1　以前に受診した病院がないか

　両足の力が入らなくなり障害年金を請求しようとしたところ，保険料納付要件を満たさないといわれた人がいました。「急に両足に症状が出たのですか？」と聞いたところ，「以前に腰痛で病院にかかったことがあるが確定診断はされていない」とのこと。医師の見解を伺うと「現在の症状と腰痛には因果関係がある」との判断です。腰痛で受診した日が初診日であれば保険料納付要件を満たすことから，この日を初診日として請求を行いました。申し立てた初診日が認められ，障害厚生年金を受給

することができました。

　当事者が初診日と考える日より前に病院にかかったことがないかを確認します。「そういえば一度だけ……」「どこも悪くないといわれたけど……」と思い出すことがあります。当事者は傷病が確定診断された日を初診日と考えることが多いのですが，それまでに病院を転々としていることは多いです。

Case 2　20歳前が初診日とならないか

　うつ病で障害年金を請求しようとしたものの，過去に保険料を全く納めていない人がいました。20歳前からずっと体調が悪くて，保険料を納める意識がなかったようです。「20歳前に受診したことはないですか」と確認したところ，「病院には行ったことがない」とのこと。小さい頃の話を伺ううちに，知的障害の可能性を感じたため，主治医に事情を説明し検査をしてもらうことになりました。結果は，「軽度知的障害と二次的障害のうつ病」との診断でした。知的障害の初診日は出生日になることから，保険料納付要件は問われず，障害基礎年金を受給することができました。

　たとえば，20歳以降の期間のすべてが未納であれば，初診日がどこであっても保険料納付要件は満たさないように思います。しかし，初診日が20歳前であれば保険料納付要件は問われません。20歳前に受診したことがないかを確認します。また，先天性の障害の可能性も考えます。

Case 3　社会的治癒が使えないか

　糖尿病性の障害で障害年金を請求しようとしたところ，25年以上前の初診日の証明が難しく，また証明ができたとしても保険料納付要件を満たさない人がいました。25年前は体重が100キロを超え，教育入院を１カ月行い通院もしていましたが，数年後には治療の効果もあり，体重が減り自覚症状や不調もなく，病院に通うことなく社会生活を送るようになりました。そんな生活が12年ほど続いた後に再度病院にかかっています。このケースは，社会的治癒により12年後に再度受診した日が初診日と認められ，障害基礎年金を受給することができました。

　医学的には治癒していなくても，一定期間症状が安定して治療の必要がなく社会生活を送っていた期間を「社会的治癒」として，その後に初めて病院にかかった日が初診日と認められることがあります。

7　障害状態の要件

病気の確定診断がされれば障害年金を受けることができるの？

　障害年金を受けるための3つ目の要件は障害状態の要件です。障害状態の要件は，「障害認定日」に障害の状態にあることです。「障害認定日」における障害状態により障害年金が受給できるかが決まります。

➢ 障害認定日とは

　障害の程度が判断される日を「障害認定日」といいます。障害認定日は，原則として，初診日から1年6カ月経過した日です。1年6カ月経過前に治癒（症状固定を含みます）したときは，その日が障害認定日です。そして，障害認定日に障害等級（障害基礎年金は1級か2級，障害厚生年金は1級〜3級）に該当すると認められれば，障害年金を受給することができます。

➢20歳前に初診日があるとき

　20歳前に初診日があるときには，20歳の誕生日の前日が障害認定日です。ただし，初診日から1年6カ月経過した日，または1年6カ月経過前に治癒した日が20歳に達した日以降であれば，その日が障害認定日となります。

●20歳前傷病の障害基礎年金

　20歳前に初診日があるときは保険料納付要件を問われません。国民年金は20歳から加入することになっており，20歳前には加入義務がないからです。20歳到達後に初診日のある障害基礎年金との年金額の差はありませんが，所得制限などが設けられています。

➢ 障害認定日の例外

　初診日から1年6カ月経過する日よりも前に，障害認定日として認められるのは次頁の表のケースです。症状固定日が初診日から1年6カ月経過後の場合には，原則どおり「初診日から1年6カ月経過した日」が障害認定日です。

【1年6カ月以内の日が障害認定日になる例】

障害認定日の例外になるケース		障害認定日	障害等級
人工透析療法	→	透析開始日から3カ月を経過した日	2級
人工骨頭または人工関節の挿入置換	→	挿入置換した日	原則3級
人工肛門の造設または尿路変更術	→	造設日または手術日から6カ月経過した日	3級
新膀胱の造設	→	造設した日	3級
心臓ペースメーカー，ICD（植込型除細動器），人工弁の装着	→	装着した日	3級
CRT（心臓再同期医療機器），CRT-D（除細動器機能付心臓再同期医療機器）	→	装着した日	原則2級
切断または離断による肢体の障害	→	切断または離断した日（原則）	状態による
喉頭全摘出	→	全摘出した日	2級
在宅酸素療法	→	在宅酸素療法を開始した日（常時）	3級
脳血管疾患による肢体障害等で，医学的観点から，それ以上の機能回復がほとんど望めないと認められるとき	→	初診から6カ月経過日以後で，左記の状態と認められる日	状態による
遷延性植物状態	→	その状態に至った日から3カ月経過日以後の日で，医学的に機能回復がほとんど望めないと認められるとき	1級
現在の医学では，根本的治療方法がない疾病であり，今後の回復は期待できず，気管切開下での人工呼吸器（レスピレーター）使用，胃ろう等の恒久的な措置が行われており，日常の用を弁ずることができない状態であると認められるとき	→	初診日から6カ月経過した日以後の日で，左記の状態と認められるとき	状態による

【例】

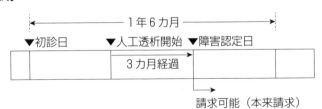

8　障害の程度

> どの程度の障害があれば，障害年金を受けることができるの？

　障害年金を受けるには，障害の程度が「障害等級」に該当している必要があります。傷病によって「障害等級」の基準が定められています。

➢ 障害年金の診査の基準

　障害年金を受けられる程度の障害の状態は，国民年金法および厚生年金保険法に定められています。その障害の程度を認定する基準として「国民年金・厚生年金保険障害認定基準」（「認定基準」といいます）があり，傷病ごとに認定基準と認定要領が記載されています。

　認定基準は，医学の進歩や環境の変化により，随時書き換えられています。2022年1月には眼の認定基準が変更になりました。詳細な内容を確認するのであれば，日本年金機構のホームページに最新の認定基準が掲載されています。

障害認定基準　

　基本となる障害の状態（施行令別表）を次頁以降に記載しておきます。難しい内容ですが，障害の程度のイメージがわくと思います。

➢ 障害年金を認定する人

　障害年金を請求するときは，医師の診断書（110頁）や，病歴就労状況等申立書（114頁）を添付します。障害年金を受ける要件を満たしているか，満たしているなら何級に該当するかは，添付書類の内容が認定基準に該当するか否かにより判断されます。判断をするのは，医師の資格を持つ日本年金機構や共済組合の「認定医」といわれる人です。

➤ 1級の障害の状態

障害の程度		障害の状態
1級	1	次に掲げる視覚障害
		イ　両眼の視力がそれぞれ0.03以下のもの
		ロ　一眼の視力が0.04，他眼の視力が手動弁以下のもの
		ハ　ゴールドマン型視野計による測定の結果，両眼のⅠ／4視標による周辺視野角度の和がそれぞれ80度以下かつⅠ／2視標による両眼中心視野角度が28度以下のもの
		ニ　自動視野計による測定の結果，両眼開放視認点数が70点以下かつ両眼中心視野視認点数が20点以下のもの
	2	両耳の聴力レベルが100デシベル以上のもの
	3	両上肢の機能に著しい障害を有するもの
	4	両上肢のすべての指を欠くもの
	5	両上肢のすべての指の機能に著しい障害を有するもの
	6	両下肢の機能に著しい障害を有するもの
	7	両下肢を足関節以上で欠くもの
	8	体幹の機能に座っていることができない程度または立ち上がることができない程度の障害を有するもの
	9	前各号に掲げるもののほか，身体の機能の障害または長期にわたる安静を必要とする病状が前各号と同程度以上と認められる状態であって，日常生活の用を弁ずることを不能ならしめる程度のもの
	10	精神の障害であって，前各号と同程度以上と認められる程度のもの
	11	身体の機能の障害もしくは病状または精神の障害が重複する場合であって，その状態が前各号と同程度以上と認められる程度のもの

➤ 2級の障害の状態

障害の程度		障害の状態
	1	次に掲げる視覚障害
		イ　両眼の視力がそれぞれ0.07以下のもの
		ロ　一眼の視力が0.08，他眼の視力が手動弁以下のもの
		ハ　ゴールドマン型視野計による測定の結果，両眼のⅠ／4視標による周辺視野角度の和がそれぞれ80度以下かつⅠ／2視標による両眼中心視野角度が56度以下のもの
		ニ　自動視野計による測定の結果，両眼開放視認点数が70点以下かつ両眼中心視野視認点数が40点以下のもの
	2	両耳の聴力レベルが90デシベル以上のもの
	3	平衡機能に著しい障害を有するもの
	4	そしゃくの機能を欠くもの
	5	音声または言語機能に著しい障害を有するもの

2級	6	両上肢のおや指およびひとさし指または中指を欠くもの
	7	両上肢のおや指およびひとさし指または中指の機能に著しい障害を有するもの
	8	一上肢の機能に著しい障害を有するもの
	9	一上肢のすべての指を欠くもの
	10	一上肢のすべての指の機能に著しい障害を有するもの
	11	両下肢のすべての指を欠くもの
	12	一下肢の機能に著しい障害を有するもの
	13	一下肢を足関節以上で欠くもの
	14	体幹の機能に歩くことができない程度の障害を有するもの
	15	前各号に掲げるもののほか，身体の機能の障害または長期にわたる安静を必要とする病状が前各号と同程度以上と認められる状態であって，日常生活が著しい制限を受けるか，または日常生活に著しい制限を加えることを必要とする程度のもの
	16	精神の障害であって，前各号と同程度以上と認められる程度のもの
	17	身体の機能の障害もしくは病状または精神の障害が重複する場合であって，その状態が前各号と同程度以上と認められる程度のもの

➢ 3級の障害の状態

障害の程度			障害の状態
3級	1		次に掲げる視覚障害
		イ	両眼の視力がそれぞれ0.1以下に減じたもの
		ロ	ゴールドマン型視野計による測定の結果，両眼のⅠ／4視標による周辺視野角度の和がそれぞれ80度以下に減じたもの
		ハ	自動視野計による測定の結果，両眼開放視認点数が70点以下に減じたもの
	2		両耳の聴力が，40センチメートル以上では通常の話声を解することができない程度に減じたもの
	3		そしゃくまたは言語の機能に相当程度の障害を残すもの
	4		脊柱の機能に著しい障害を残すもの
	5		一上肢の3大関節のうち，2関節の用を廃したもの
	6		一下肢の3大関節のうち，2関節の用を廃したもの
	7		長管状骨に偽関節を残し，運動機能に著しい障害を残すもの
	8		一上肢のおや指およびひとさし指を失ったものまたはおや指もしくはひとさし指を併せ一上肢の3指以上を失ったもの
	9		おや指およびひとさし指を併せ一上肢の4指の用を廃したもの
	10		一下肢をリスフラン関節以上で失ったもの
	11		両下肢の10趾（し）の用を廃したもの

12	前各号に掲げるもののほか，身体の機能に，労働が著しい制限を受けるか，または労働に著しい制限を加えることを必要とする程度の障害を残すもの	
13	精神または神経系統に，労働が著しい制限を受けるか，または労働に著しい制限を加えることを必要とする程度の障害を残すもの	
14	傷病が治らないで，身体の機能または精神もしくは神経系統に，労働が制限を受けるか，または労働に制限を加えることを必要とする程度の障害を有するものであって，厚生労働大臣が定めるもの	

➢ 障害手当金の障害の状態

障害の程度		障害の状態
手当金	1	両眼の視力がそれぞれ0.6以下に減じたもの
	2	一眼の視力が0.1以下に減じたもの
	3	両眼のまぶたに著しい欠損を残すもの
	4	両眼による視野が2分の1以上欠損したもの，ゴールドマン型視野計による測定の結果，I／2視標による両眼中心視野角度が56度以下に減じたものまたは自動視野計による測定の結果，両眼開放視認点数が100点以下もしくは両眼中心視野視認点数が40点以下に減じたもの
	5	両眼の調節機能および輻輳（ふくそう）機能に著しい障害を残すもの
	6	一耳の聴力が，耳殻に接しなければ大声による話を解することができない程度に減じたもの
	7	そしゃくまたは言語の機能に障害を残すもの
	8	鼻を欠損し，その機能に著しい障害を残すもの
	9	脊柱の機能に障害を残すもの
	10	一上肢の3大関節のうち，1関節に著しい機能障害を残すもの
	11	一下肢の3大関節のうち，1関節に著しい機能障害を残すもの
	12	一下肢を3センチメートル以上短縮したもの
	13	長管状骨に著しい転位変形を残すもの
	14	一上肢の2指以上を失ったもの
	15	一上肢のひとさし指を失ったもの
	16	一上肢の3指以上の用を廃したもの
	17	ひとさし指を併せ一上肢の2指の用を廃したもの
	18	一上肢のおや指の用を廃したもの
	19	一下肢の第1趾（し）または他の4趾以上を失ったもの
	20	一下肢の5趾の用を廃したもの
	21	前各号に掲げるもののほか，身体の機能に，労働が制限を受けるか，または労働に制限を加えることを必要とする程度の障害を残すもの
	22	精神または神経系統に，労働が制限を受けるか，または労働に制限を加えることを必要とする程度の障害を残すもの

第3章　障害があるときに利用できる制度

9　障害年金の請求方法

障害年金は，遡って受給できるの？

制度を知らないことを理由に障害年金を請求していない人は多いです。そして，制度の存在を知ったとき，「ずっと前から障害状態にあったのだから遡って障害年金を受けたい」との相談も多いです。

> ➤ 障害年金の請求方法

障害年金の請求方法は４つあります。

●本来請求

障害認定日から１年以内に請求する方法です。障害認定日の障害状態を伝えるために，障害認定日以後３カ月以内（20歳前傷病の障害基礎年金は20歳前後３カ月以内）の日現在の症状の診断書を添付します。障害認定日の障害状態が認められれば，障害認定日の翌月分から支給されます。

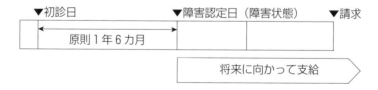

●本来請求（遡及請求）

障害認定日から１年以上経過したときは，障害認定日以後３カ月以内と，請求日以前３カ月以内の日現在の症状の診断書を添付します。障害認定日における障害状態が認められれば，障害認定日の翌月分から遡って支給されます。ただし，年金には時効があるので，遡ることができるのは５年が限度です。

遡及請求には，障害認定日の障害状態を示す診断書が必要ですが，当時に受診していなかったり，カルテが残っていなかったりすることがあります。この

ようなときは事後重症請求することが一般的です。傷病によっては他の書類により障害認定日の障害状態を証明できるケースもありますが，遡及の可能性の可否も含めて専門の社会保険労務士等につなげることも1つの方法と考えます。

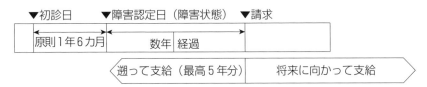

●事後重症請求

　障害認定日の障害状態は軽かったが，その後に障害が重くなったときに請求する方法です。65歳の誕生日の2日前までに請求をする必要があります。添付する診断書は，請求日以前3カ月以内の日現在の症状の診断書です。請求日時点での障害状態が認められれば，請求した月の翌月分から支給されます。

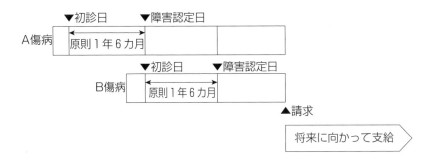

●はじめて2級

　2級未満の障害状態にある人に新たに別の傷病が加わり，65歳の誕生日の2日前までに，はじめて2つの障害を合わせて，2級（または1級）の障害状態に該当したときに請求する方法です。障害状態が認められれば，請求した月の翌月分から支給されます。

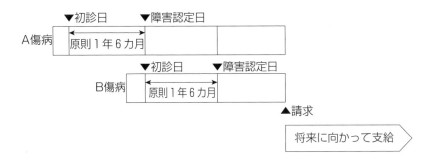

◆説明用資料23　障害年金の請求方法

障害年金の請求から受給まで

➤ 障害年金受給のための 3 つの要件

　3 つの要件のすべてに当てはまる人は，障害年金が受給できます。

①初診日の要件	②保険料納付要件	③障害状態の要件
初診日に下記のいずれか • 国民年金に加入中 • 厚生年金に加入中 • 20歳未満 • 60歳以上65歳未満で日本在住	初診日の前日において，一定以上の年金保険料の未納がない	障害認定日もしくは請求日時点において，障害等級に該当する程度の障害状態にある

※　請求時に65歳以上の人は請求できないことがあります。
※　他の給付との関係などによっては，受給できないときがあります。

➤ 相談

　障害年金の 3 つの要件については，最寄りの年金事務所で相談ができます。代理人が相談に行くときには委任状が必要です。また，市区町村の障害担当課においても相談は可能です。初診日に共済組合に加入していたのであれば，その共済組合が相談窓口です（請求書類の提出先も同様）。

　相談窓口で障害年金請求の意思を伝えると，初診日などを聞かれます。保険料納付要件を確認され，問題がなければ請求方法の説明とともに，必要な書類が手渡されます。書類には障害年金請求用の診断書，受診状況等証明書，病歴就労状況申立書，年金請求書等があります。

●診断書

　診断書は障害の種類や部位により 8 種類あります。障害の状態を最もよく表すことのできる診断書を使用します。障害の部位が複数のときには，複数の診断書を提出することもあります。請求方法によって，どの時点の障害状態を記載してもらうかを見極める必要があります。

国民年金
厚生年金保険　**診　断　書**　（肢体の障害用）

様式第120号の3

（肢）

〔フリガナ〕
氏　名　　　　　　　　　　　　　　　　　生年月日　昭和・平成・令和　　年　月　日生（　歳）　性別　男・女

住　所　〔市区の郵便番号〕　　都道　　　　　　郡市
　　　　　　　　　　　　　　府県　　　　　　　区

①障害の原因
　となった傷病名

②傷病の発生年月日　昭和・平成・令和　　年　月　日
③①のために初めて医師の診療を受けた日　昭和・平成・令和　　年　月　日

④傷病の原因又は誘因　初診年月日（昭和・平成・令和　　年　月　日）
⑤既存障害
　既往症

⑦傷病が治った（症状が固定して治療の効果が期待できない状態を含む。）かどうか。
傷病が治っている場合‥‥‥‥治った日　平成・令和　　年　月　日　確認・推定
傷病が治っていない場合‥‥‥症状のよくなる見込　有・無・不明

⑧診断書作成医療機関における初診時所見
初診年月日
（昭和・平成・令和　　年　月　日）

現在までの治療の内容、期間、経過、その他参考となる事項
診療回数　年間　　回　月平均　　回

⑩計測（平成・令和　　年　　月　　日計測）　身長　　　cm　体重　　　kg　血圧　最高　　mmHg　最低　　mmHg

〈お願い〉　障　害　の　状　態（平成・令和　　年　　月　　日現症）

●受診状況等証明書

　はじめて受診した医療機関の初診日を証明する書類です。初診と診断書作成の医療機関が同一の場合には，診断書により初診日の証明ができるので省略可能です。なお，知的障害による請求の場合は不要です。

年金等の請求用

障害年金等の請求を行うとき、その障害の原因又は誘因となった傷病で初めて受診した医療機関の初診日を明らかにすることが必要です。そのために使用する証明書です。

受　診　状　況　等　証　明　書

① 氏　　　　名 ＿＿＿＿＿＿＿＿＿＿＿＿＿＿

② 傷　病　　名 ＿＿＿＿＿＿＿＿＿＿＿＿＿＿

③ 発　病　年月日　昭和・平成・令和　　年　　月　　日

④ 傷病の原因又は誘因 ＿＿＿＿＿＿＿＿＿＿＿＿

⑤ 発病から初診までの経過

　　前医からの紹介状はありますか。→　有　　無　（有の場合はコピーの添付をお願いします。）

　　＿＿＿＿＿＿＿＿＿＿＿＿＿＿＿＿＿＿＿＿＿＿＿

※診療録に前医受診の記載がある場合　1　初診時の診療録より記載したものです。
　右の該当する番号に○をつけてください　2　昭和・平成・令和　　年　　月　　日の診療録より記載したものです。

⑥ 初診年月日　昭和・平成・令和　　年　　月　　日

●年金請求書

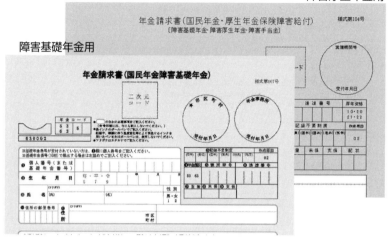

> ### 請求手続

　指定された書類（診断書，預貯金の通帳の写しや，戸籍謄本等）を提出します。本人が手続できないときには，代理人による請求も可能です。

> ### 診査

　提出した書類により診査が行われます。書類によるものであり，面接による調査等はありません。ただし，初診日や障害状態を明確にするために，後日，カルテの送付や医師の意見が求められることがあります。

> ### 決定

　結果が通知されます。障害年金が受給できる場合には，年金証書が郵送されます。受給できない場合には，理由が記載された通知が届きます。

10　初診日の証明書がないとき

初診日の証明書がとれないときはどうすればいいの？

　障害年金の手続を手順どおりに進めていこうとしても，さまざまな壁に当たることがあります。「初診日の証明書がとれない」との相談も多いです。

➤ 初診日の証明書がとれないとき

　障害年金を請求するうえで，初診日の証明はとても重要です。しかし，初診日の証明をする「受診状況等証明書」が手に入らないことがあります。

　カルテの法的保存期限は5年とされていますので，初診日が5年以上前にあれば，保存されていない可能性が出てきます。また，医療機関が廃業している場合もあり，病歴が長くなるほど，カルテが破棄されている可能性は高くなります。

➤ 初診日を客観的に証明する

　初診日の証明書がとれなくても，客観的に証明しなければなりません。たとえば，2番目にかかった病院のカルテに，最初の病院のことが記載されており，その記録が年金を請求する時点から5年以上前に作成されたものであれば信憑性のある証明とされています。2番目の病院のカルテの記録がなければ，3番目以降の病院を確認していきます。病院の記録が確認できなければ，診察券などの参考資料がないかを確認します。また，第三者証明など，それぞれの人によって有効な方法が異なります。

　このような方法により，初診の病院の受診状況等証明書がなくても障害年金を受給している人は多くいます。下記サイトが参考になります。ただし，難しいケースが多いので，サポートする側の時間的，労力的な負担が大きいです。専門の社会保険労務士等につなげるのも1つの方法と考えます。

　　　機構　初診日証明書類

11　病歴申立書の書き方がわからないとき

病歴就労状況等申立書ってどう書けばいいの？

> 　障害年金を請求するときに，よく聞かれることの1つに病歴就労状況等申立書の書き方があります。

➢ 病歴就労状況等申立書とは

　病歴就労状況等申立書は本人や家族が作成します。または本人や家族の申立てに基づき社会保険労務士等の代理人が作成します。障害があり困っている状況を申立てするものであり，障害認定のうえで重要な書類です。また，本人が記載しなければならない書類になるため，「書き方がわからない」と質問を受けることが多いです。

➢ 病歴就労状況等申立書記載の注意事項

　病歴就労状況等申立書には「記入する前にお読みください」とする部分に，注意事項が記載されています。これらの決まりごとを基本に，日常生活や就労において不便に感じることや，受けている援助などを記入していきます。

【病歴就労状況等申立書記載の注意事項】
- 障害の原因となった病気やケガについて，発病したときから現在までの経過を年月順に期間をあけずに記入してください。
- 受診していた期間は，通院期間，受診回数，入院期間，治療経過，医師から指示された事項，転医・受診中止の理由，日常生活状況，就労状況などを記入してください。
- 受診していなかった期間は，その理由，自覚症状の程度，日常生活状況，就労状況などについて具体的に記載してください。
- 健康診断などで障害の原因となった病気やケガについて指摘されたことも記入してください。
- 同一の医療機関を長期間受診していた場合，医療機関を長期間受診していなかった場合，発病から初診までが長期間の場合は，その期間を3年から5年ごとに

区切って記入してください。

●病歴就労状況等申立書

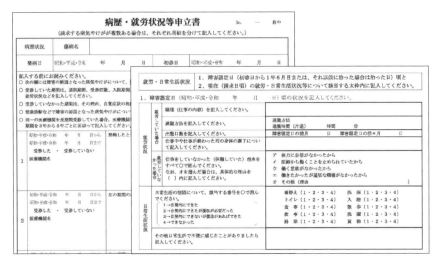

➤ 病歴就労状況等申立書の書き方を聞かれたら

　注意事項に記載されているように，通院期間，受診回数，入院期間，治療経過，医師から指示された事項，転医・受診中止の理由，日常生活状況，就労状況などを具体的に記載します。加えてアドバイスするとしたら，傷病にもよりますが，日常生活状況や就労状況については下記の点があります。

- 困っていること，支障が出ていることを記載する
- 就労において配慮があるなら，具体的に記載する
- 診断書との整合性を意識して簡潔に記載する

COLUMN

　知的障害に係る障害年金の請求について，母作成の病歴就労状況等申立書が，医師記載の診断書より軽い内容になっていたことについて，「普段の日常生活の状況をつぶさに観察しているのは母であるから，このような日常生活の制限の内容については，病歴申立書の記載の方が本件診断書の記載より重視されるものといわざるを得ない」として，障害年金の支給が認められなかった事例があります（東京地判平28・6・28）。全体の整合性が重要なポイントになります。

12　障害年金請求のタイムリミット

いくつになっても障害があれば障害年金は受けられるの？

障害年金を請求できるのは，原則として65歳までです。
サポートする側として，「65歳」を意識する必要があります。

➤ 障害年金の請求は65歳まで

　障害年金の相談を受けるときの傷病はさまざまです。歳を重ねると病院にかかることも多くなり，障害のある状態になることもあります。

　障害年金のアドバイスをする際に気をつけるべき点の1つに「年齢」があります。障害年金は，原則として65歳までしか請求ができないからです。例外はありますが，徐々に悪化した場合などに行う「事後重症請求」（109頁）は65歳までしかできません。厳密にいえば，65歳の誕生日の2日前までに請求する必要があります。

　対象者がまもなく65歳に到達するというときには，早めに請求手続をするよう伝えます。診断書を書いてもらうだけでも数カ月待つこともあり，障害年金請求には時間がかかります。なお，65歳前に老齢年金を繰り上げて受給すると65歳に到達したものとみなされるので，原則として障害年金は請求できなくなります。ただし，請求可能なケースもあるので，年金事務所等への確認が必要です。

　　　　　　　　65歳が近い人は手続を急ぐようにアドバイス！

➤ 65歳を過ぎても請求できる人もいる

　65歳を過ぎても，下記の人は障害年金の請求ができます。ただし，保険料納付要件を満たす必要があります。

- 国民年金に任意加入中の65歳以降に初診日がある人
- 厚生年金加入中の65歳以降に初診日がある人
- 65歳までに初診日があって，障害認定日に障害状態にあった人（事後重症請求は不可）

➢ 高齢者から障害年金のことを聞かれたら

「75歳のときに脳梗塞で半身不随になった。障害年金が受けられないか？」

など，高齢の人やその家族からの相談は多いです。このようなケースは，障害年金の要件（初診日の要件）を満たさないので，障害年金を請求することができません。しかし，ただ単に「できない」と頭ごなしに規定の説明をしても「ずっと保険料を払ってきたのに」などと納得されない人もいます。そのようなときは請求できない理由を説明することにより，納得されることが多いです。たとえば下記のような説明方法があります。

「障害年金は原則65歳までです。65歳になると老後の年金が受けられます。障害年金の役割は，老後の年金を受けるまでのツナギなので，65歳を過ぎると，障害年金の必要がなくなるという考え方です。」

「もし，仮に障害年金が受給できたとしても，今受けている老後の年金にプラスして受けることにはなりません。どちらかを選んで受けることになります。」

【65歳以降の請求の可否】

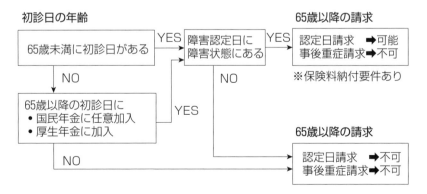

13　障害年金の相談を受けたとき

障害年金が受給できるなら手続したい。

障害年金が受給できるか否かは，請求してみないとわからないことがほとんどです。

➤ 障害年金受給の見極めの難しさ

「障害年金が受けられるのか」という相談を受けたとき，その人の障害の状態が障害年金を受給できる程度かどうかの見極めが難しいでしょう。

筆者は長年，障害年金業務を行っていますが，相談段階で確実に障害年金が受けられると断言できるケースは多くありません。

たとえば，「目が全く見えない」とか「足を切断した」のように，障害の状態が明確なこともありますが，「目が見えにくい」「手がうまく使えない」「気分が落ち込み何もできない」といわれたとき，それがどの程度のものか，検査数値はどうなのか，主治医はどう判断しているのかまではわかりません。

「障害がある」事実があっても，それが障害年金を受給できる程度なのかを判断するのは認定する側であり，いくら基準があるとはいえ，ある程度の見当はできても，確実に受給できるか否かは，請求してみないとわかりません。

そのため，「障害年金が受給できる可能性があるから，請求手続をしてみたらどうか」と可能性を示すようにしています。可能性といっても，１％から99％まで幅がありますが，可能性がゼロでないのであれば，請求を行う方向でお話を伺っています。

➤ ２パターンの障害のある人

サポートの必要な人は２パターンに分かれると思います。１つは「障害年金を受けることができるのか」と考えている人，もう１つは障害年金の存在すら知らなかったり，自分は障害年金とは関係ないと思っている人です。

●「障害年金を受けることができるか」と聞いてくる人

　障害年金制度の存在を知っている人のなかには，「障害年金が受給できるなら請求手続をする」と考える人も多いです。先にも述べましたが，「受給できる」と断言することは非常に難しいですが，「可能性があるから専門の窓口で相談してはいかが」と次につなげることができます。相談窓口は年金事務所等です。

●重い障害があるのに，障害年金を受給していない人

　重い障害状態であるにもかかわらず，障害年金を受給していない人がいます。自分が障害年金を受給できるほどの状態にないと思っている人，障害年金を請求しようと思ったが何らかの壁で断念した人，障害年金制度自体を知らない人などいろいろです。「障害年金を知っていますか」と声かけしてみると，その人の状況や状態がある程度把握できます。障害年金を受けられる可能性が少しでもありそうなら，窓口を紹介して次につなげることができます。諦めなかったからこそ，障害年金を受給できたケースも多くあります。

➢ 障害の状態の見当

　そうはいっても，障害年金が受けられる「可能性のある」障害の状態であるか否かを判断することは簡単ではありません。104頁で紹介した「認定基準」により詳細は確認できますが，膨大な時間がかかります。

　そこで，相談先をご紹介しておきます。筆者も所属しているNPO法人で，無料電話相談が利用できます。当事者だけでなく，皆さまのようなサポートする側の立場の人からの相談もあります。ご活用ください。

○ NPO法人　障害年金支援ネットワーク

　障害年金に関する電話相談や広報の活動を20年以上続けている全国規模の非営利団体です。全国約240名の会員がおり，要望があれば，障害年金の手続を代行する専門家の紹介も行っています。平日と土曜日の10時から16時（12時から13時を除く）までの毎日，電話相談を行っています。

　　電話　固定電話から　0120-956-119

　　　　　携帯電話から　0570-028-115（通話料有料）

　　　　　　障害年金支援ネットワーク　検索

（右側縦書き）第3章　障害があるときに利用できる制度

Ⅱ　障害者手帳を活用する

障害者手帳を持っているからといって，お金が振り込まれるわけではありませんが，割引などが受けられることがあります。「障害者手帳のことを誰も教えてくれなかった」とおっしゃる人もいますので，障害者手帳制度の概要を伝えるだけでも大きなサポートになります。

1　障害者手帳を大まかに確認

障害者手帳って持っていたほうがよいの？

障害者手帳を提示することによって受けられるメリットはたくさんあります。しかし，障害があることの受け容れができていない段階では，大きな抵抗感があるかもしれません。

➢ 障害者手帳のメリット

●障害者手帳は障害があることを証明する手帳

　障害者手帳は，「障害があることを証明する手帳」です。障害者手帳を提示することによって，その人の障害の状態を相手に伝えやすくなります。そして，さまざまなサービスを受ける状態にあることを示すことができます。

　障害者手帳の種類や等級，市区町村などによって内容が異なりますが，たとえば，税金の減免や，各種交通機関の運賃割引などのサービスを受けることができます。

障害者手帳により受けられるメリットはたくさんある

●障害者枠の就職に利用する人も多い

　障害者手帳は，進学や就職の際に，サポートが必要であることの証として活用することができます。障害者枠の就職を目的に申請される人も多いです。

　たとえば，障害者手帳を持つことによって，障害者雇用枠に応募して就職する道もあります。障害者雇用は，障害の特性を理解したうえの就職になるので，配慮された環境下の働き方がしやすくなります。

　従業員が一定数以上の企業には，障害のある人を一定数雇用する義務があります。これは，障害者雇用促進法に定められていますが，ここでいう「障害者」とは，原則的には障害者手帳を持っている人を指します。企業は法律を守る義務があるため，障害のある人を雇う際には，障害者手帳の有無の確認を行うはずです。

　ただし，障害者手帳により障害者枠の就職が約束されているというわけではないのでご注意ください。また，障害者手帳があるからといって一般就労ができないことにもなりません。

➢ 障害者手帳のデメリット

　障害者手帳を持つことのデメリットは，特にありません。手帳を持っていることを，学校や勤務先に申告する義務はありませんし，何の支障もありません。必要がないと思ったら，手帳を返すこともできます。

　しかし，なかには，「手帳を持つことは障害を認めることになるので，どうしても持ちたくない」という人もいます。障害があることの受け容れができていない段階では，大きな抵抗感があるでしょう。手帳を持つことへの不安もあるかもしれません。自分にとって必要のないサービスであれば，無理に取得する必要はありません。十分に納得したうえで，申請すればよいでしょう。

 障害者手帳のデメリットは特にないが，持つことに抵抗を感じる人がいる

➢ 障害者手帳で利用できる制度

　障害者手帳により利用できるサービスは自治体によってさまざまです。また，手帳の種類や等級によって細かく区分されています。132頁では，一例として，名古屋市で実施されているサービスの一部を載せています。メリットを伝えるための資料としてご活用ください。

2　障害者手帳には 3 つの種類がある

障害者手帳には，どんなものがあるの？

　障害者手帳には 3 つの種類があります。療育手帳，身体障害者手帳，精神障害者保健福祉手帳です。障害によって取得する手帳の種類が分かれます。複数の障害があるときには，複数の手帳を持つこともできます。

➢ 障害者手帳の種類

　障害者手帳には 3 つの種類があります。症状や生活上の困難さなどから，手帳取得の可否が判定されます。

- 知的障害は「療育手帳」
- 身体障害は「身体障害者手帳」
- 精神障害は「精神障害者保健福祉手帳」

　療育手帳は，知的障害のある人に交付される手帳です。知的障害の定義が自治体によって異なり，制度の呼び名，判定区分などもそれぞれです（124頁）。

　身体障害者手帳には，肢体不自由などの身体の障害だけでなく心臓や腎臓といった外見からはわからない内部障害などの障害も含まれます（126頁）。

　精神障害者保健福祉手帳は，統合失調症，うつ病，そううつ病などの精神疾患のある人のための手帳です（128頁）。

　発達障害と診断された人も障害者手帳を取得することができます。10年くらい前は，うつ病などの 2 次障害がないと手帳を取得できないことがありましたが，現在は発達障害による障害者手帳取得が増えていると聞きます。ただし，独自の手帳がありませんので，療育手帳もしくは精神障害者保健福祉手帳のいずれかに該当すれば発行されます。知的障害のある場合は療育手帳となり，それ以外は精神障害者保健福祉手帳ですが，精神障害がないと判断されれば対象になりません。また，高次脳機能障害も独自の手帳はありませんが，精神障害

者保健福祉手帳の基準に該当すれば発行されます。

【3つの種類の障害者手帳】

療育手帳　　　　　　　　　　　身体障害者手帳

療 育 手 帳

〇〇県　第22222222号
交付年月日　　令和1年4月1日
氏名　　　〇〇　〇〇
生年月日　平成8年3月22日　男
旅客鉄道株式会社旅客運賃減額　第1種
判定区分　　A
〇〇県

身 体 障 害 者 手 帳

〇〇県　第11111111号
平成29年6月20日交付
身体障害者　　　　　旅客鉄道株
等級表によ　4 級　式会社旅客　第2種
る等級　　　　　　　運賃減額
氏名　　　〇〇　〇〇
生年月日　昭和37年2月22日
〇〇県

精神障害者保健福祉手帳

氏名　　　〇〇　〇〇
生年月日　平成2年4月22日

交付年月日　　　令和3年4月1日
有効期限　　　　令和5年4月1日

障害等級　3 級　　　〇〇県

精神保健及び精神障害福祉に関する
法律第45条の保健福祉手帳

※　2021年からカード形式の
手帳も導入されています。
すでに紙の手帳を持ってい
る人も切り替え可能です。

手帳を発行する自治体名が記載されます。自治体によりデザインが異なります。

COLUMN

　「障害」とは，一体どういったものなのでしょう。障害者福祉に関して最も上位
に位置づけられるとされる障害者基本法は，障害者を「身体障害，知的障害，精
神障害（発達障害を含む。）その他の心身の機能の障害（略）がある者であって，
障害及び社会的障壁により継続的に日常生活又は社会生活に相当な制限を受ける
状態にあるものをいう」と定めています。ただ，障害について定める法律によっ
て，定義が異なっていることもあって，障害の捉え方が違っています。障害者手
帳のなかの「障害」と，障害年金制度のなかの「障害」の捉え方も異なる部分が
多くあります。両者は，等級認定の基準も異なるため，「手帳が2級であれば，障
害年金も2級」とは限らないのです。

第3章
障害があるときに
利用できる制度

3　療育手帳のしくみと申請方法

療育手帳って，どんな手帳？

　知的障害のある子どもや成人に交付されるのが「療育手帳」です。療育手帳は，国の法律が根拠となっていないため，都道府県や市区町村によって名称や区分が異なります。

➤ 療育手帳の内容は自治体によって違う

　知的障害のあるときは，療育手帳の対象です。療育手帳は，法律で定められた制度ではなく，都道府県や政令指定都市がそれぞれに実施要綱などを制定して行っているものです。そのため，知的障害の定義が自治体によって異なり，制度の呼び名，判定区分もまちまちです。呼び名は，「療育手帳」が一般的ですが，東京都や横浜市の「愛の手帳」，青森県や名古屋市の「愛護手帳」などがあります。

➤ 障害の程度の区分

　障害の程度は，一般的には，重度が「Ａ」，軽度は「Ｂ」と表記されますが，東京都では重いほうから「1度から4度」と表記しています。範囲も自治体によって異なり，たとえば，東京都は知能指数がおおむね19以下を最重度の障害として「1度」，20〜34を重度の障害として「2度」，35〜49を中度の障害として「3度」，50〜75を軽度の障害として「4度」としています。

　対比するために，三重県の「療育手帳」の基準を挙げると，知能指数がおおむね20以下を最重度の「Ａ1」，21〜35を重度の「Ａ2」，36〜50を中度の「Ｂ1」，51〜70を軽度として「Ｂ2」としたうえで，「14歳以上の知能指数がおおむね71以上79以下で，自閉性障がい等と診断され，かつ判定機関の長が必要と認めた場合，軽度（Ｂ2）と認定することができる」と定めています。このように，自治体によって制度の運用が異なっています。

【各自治体の判定区分の違い】

	IQ の目安	国の基準	その他の基準	東京都 （愛の手帳）	名古屋市 （愛護手帳）	さいたま市 （療育手帳）
最重度	20以下	A	A 1	1度	1度	マルA
重度	20〜35	A	A 2	2度	2度	A
中度	35〜50	B	B 1	3度	3度	B
軽度	50〜70	B	B 2	4度	4度	C

 療育手帳は各自治体によって名称も範囲も異なる

➤ 療育手帳の取得方法

療育手帳を取得するときには，検査により知的障害の程度が判定されます。まずは市区町村の窓口に相談し，申請手続を行います。

対象者の年齢などによって判定機関が異なります。判定機関には児童相談所や知的障害者更生相談所があり，知能検査や聞き取り，作業などが行われます。判定の結果，手帳の交付の必要性や等級が決まります。

【療育手帳の申請の流れ】

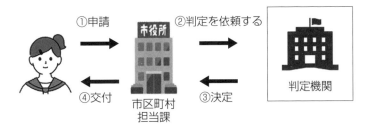

①申請　②判定を依頼する　市役所　判定機関

④交付　③決定　市区町村担当課

※　申請方法は自治体によって異なります。

➤ 療育手帳は大人になっても取得できる

子どもの頃に取得することが多い療育手帳ですが，大人になってから知的障害があることがわかり取得することもあります。実際に，50歳を過ぎてから療育手帳を取得している人もいます。

4 身体障害者手帳のしくみと申請方法

> 身体障害者手帳って，どんな手帳？

身体に障害のある人に交付されるのが「身体障害者手帳」です。これは，身体障害者福祉法に基づき交付されるものであり，全国一律の基準があります。身体の障害だけでなく，心臓や腎臓などの内部障害も対象です。

➤ 身体障害者手帳の目的

身体障害者手帳を持つことにより，障害があることの証明となり，かつ，各種のサービスを受ける根拠になります。各種サービスは，一定程度以上の障害のある人に対して行われますが，その都度，障害の程度の認定を行っていては大変なことになるため，障害程度を認定し，身体障害者である旨の証票として，身体障害者手帳が交付されています。

➤ 身体障害者手帳の対象になる障害

身体障害者手帳の対象は，①視覚障害，②聴覚障害，③平衡機能障害，④音声機能・言語機能・そしゃく機能の障害，⑤肢体不自由（上肢，下肢，体幹，脳原性運動障害），⑥心臓機能障害，⑦腎臓機能障害，⑧呼吸器機能障害，⑨膀胱・直腸の機能障害，⑩小腸機能障害，⑪ヒト免疫不全ウイルスによる免疫機能障害，⑫肝臓機能障害です。

➤ 身体障害者手帳の等級

それぞれに等級の基準が定められ，重いほうから1級から7級まであり，障害ごとに設定されている等級が異なります。たとえば，肢体不自由の等級は1級から7級までありますが，心臓機能障害は1級，3級，4級であり，2級がありません。1つの障害で等級の7級に該当する場合には手帳が交付されず，2つ以上重複する場合に対象になります。

身体障害者手帳は，その障害が永続することを前提としていますが，その障

害が回復する可能性がきわめて少ないものであれば足りるとされ，将来にわたって障害程度が不変のものだけに限られていません。

 point! 身体障害者手帳の対象はさまざまで，等級の基準もそれぞれ違う

> **身体障害者手帳の取得方法**

　申請の手続に必要な書類は，市区町村の障害福祉担当課にあります。そのなかに申請書に添付する診断書がありますので，知事から指定された医師（指定医師）の診断を受け，診断書を記載してもらいます。

　身体障害者手帳のための診断書を作成できるのは，身体障害者福祉法に基づく指定医師（「15条指定医師」といいます）に限られています。15条指定医師かどうかは市区町村の障害福祉担当課で確認できます。かかりつけの医師がいれば，「指定を受けているか」を医師や病院の医事担当に聞く方法もあります。

　診断書と他の必要書類を市区町村の担当窓口に提出すると，指定医が身体障害者診断書・意見書に記入した等級意見を参考にして障害認定が行われます。指定医の等級意見に疑義が生じた場合は，所定の手続により指定医の意見と異なる等級に認定されたり，該当しないと判断されたりすることがあります。

【身体障害者手帳の申請の流れ】

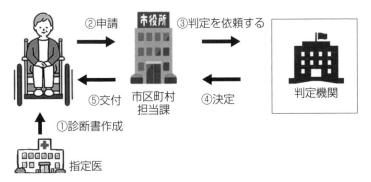

第3章 障害があるときに利用できる制度

5　精神障害者保健福祉手帳のしくみと申請方法

精神障害者保健福祉手帳って，どんな手帳？

　精神に障害のある人に交付されるのが「精神障害者保健福祉手帳」です。精神保健福祉法に基づき交付されるものであり，全国一律の基準があります。2年の有効期限があります。

➢ 精神障害者保健福祉手帳の内容と区分

　精神障害者保健福祉手帳は，精神疾患のある人のための手帳です。何らかの精神障害（てんかんや発達障害，高次脳機能障害を含みます）により，長期にわたり日常生活や社会生活への制約があると認められると発行されます。

　統合失調症，うつ病，そううつ病，てんかん，薬物依存症，高次脳機能障害，発達障害やストレス関連障害も対象です。発達障害については精神障害がない場合は対象になりません。

　症状や生活の制限の程度に応じて，1級から3級の障害等級に区分されています。その状態は下記のとおりです。

1級	精神障害であって，日常生活の用を弁ずることを不能ならしめる程度
2級	精神障害であって，日常生活が著しい制限を受けるか，または日常生活に著しい制限を加えることを必要とする程度
3級	精神障害であって，日常生活もしくは社会生活が制限を受けるか，または日常生活もしくは社会生活に制限を加えることを必要とする程度

➢ 精神障害者保健福祉手帳の取得方法

　精神障害者保健福祉手帳の取得方法は2つあります。1つは診断書を添付して申請する方法，もう1つは障害年金の年金証書の写しを添付する方法です。

●診断書による申請

　1つ目の方法は，精神保健指定医（または精神障害の診断または治療に従事

する医師）の診断書による申請です。診断書には，発病から現在までの病歴および治療の経過と内容，現在の病状，生活能力の状態等が記載されます。

　このうち，生活能力の状態の判断は，「現在の生活環境」「日常生活能力の判定」「日常生活能力の程度」において，保護的環境でない場合を想定して判断する（児童は年齢相応の能力と比較のうえで判断する）とされています。詳細は下記のとおりです。

現在の生活環境	在宅なのか，入院や施設入所中なのか 在宅であれば単身か，家族同居か
日常生活能力の 判定	(1)　適切な食事 (2)　身辺の生活保持，規則正しい生活 (3)　金銭管理と買い物 (4)　通院と服薬 (5)　他人との意志伝達・対人関係 (6)　身辺の安全保持・危機対応 (7)　社会的手続や公共施設の利用 (8)　趣味・娯楽への関心，文化的社会的活動への参加 4段階で評価 　「適切にできる」から「できない」
日常生活能力の 程度	5段階で評価 　「精神障害を認めるが日常生活および社会生活は普通にできる」から「精神障害を認め身の回りのことはほとんどできない」

●障害年金証書による申請

　障害年金を受給しているのであれば，年金証書の写しを添付して申請することができます。原則として，障害年金と同じ等級の手帳が発行されます。

> **障害年金の年金証書を添付すれば診断書は不要**

➢ 手帳の更新

　精神障害者保健福祉手帳の有効期限は，交付日から2年です。2年ごとに，診断書または年金証書等の写しを添えて，更新の手続を行います。

第3章　障害があるときに利用できる制度

【精神障害者保健福祉手帳用の診断書】

診 断 書 （精神障害者保健福祉手帳用）

(提出用)

氏　　名		明治・大正・昭和・平成・令和 　　年　　月　　日　　（　　歳）
住　　所		
①病　　名 （ICDコードは、右の病名と対応 するF00～F99、G40の いずれかを記載）	発病から現在まで の病歴および治療 の経過と内容	ICDコード（　　　　　　　） ICDコード（　　　　　　　） 身体障害者手帳（有・無、種別　　　　　級）

②初診年月日	主たる精神障害の初診年月日　　昭和・平成・令和　　年　　月　　日
	診断書作成医療機関の初診年月日　　昭和・平成・令和　　年　　月　　日
	（推定発病時期　　　　年　　　月頃）

③発病から現在までの病歴及び治療の経過、内容（推定発病年月、発病状況、初発症状、治療の経過、治療内容などを記載する）

現在の病状

*器質性精神障害（認知症を除く）の場合、発病の原因となった疾患名とその発症日（疾患名　　　　　、　　年　　月　　日）

④ 現在の病状、状態像等（該当する項目を○で囲む）

(1) 抑うつ状態
　1. 思考・運動抑制　2. 易刺激性、興奮　3. 憂うつ気分　4. その他（　　）
(2) 躁状態
　1. 行為心迫　2. 多弁　3. 感情高揚・易刺激性　4. その他（　　）
(3) 幻覚妄想状態
　1. 幻覚　2. 妄想　3. その他（　　　　）
(4) 精神運動興奮及び昏迷の状態
　1. 興奮　2. 昏迷　3. 拒絶　4. その他（　　　　）
(5) 統合失調症等残遺状態
　1. 自閉　2. 感情平板化　3. 意欲の減退　4. その他（　　）
(6) 情動及び行動の障害
　1. 爆発性　2. 暴力・衝動行為　3. 多動　4. 食行動の異常　5. チック・汚言
　6. その他（　　　　）
(7) 不安及び不穏
　1. 強度の不安・恐怖感　2. 強迫体験　3. 心的外傷に関連する症状　4. 解離・転換症状
　5. その他（　　　　）

(8) てんかん発作等（けいれんおよび意識障害）
　1. てんかん発作　発作型（　　　　　　　）
　　　最終発作（　年　月　日）2. 意識障害　3. その他（　　）
(9) 精神作用物質の乱用及び依存
　1. アルコール　2. 覚せい剤　3. 有機溶剤　4. その他（　　）
　ア 乱用　イ 依存　ウ 残遺性・遅発性精神病性障害（該当する項目名を再確認すること）
　エ その他（　　）
　現在の精神作用物質の使用　有・無（不使用の場合、その期間　　年　　月から）
(10) 知能・記憶・学習・注意の障害
　1. 知的障害（知能障害）7. 程度（ア 軽度　イ 中等度　ウ 重度　療育手帳（有・無、等級等　　　）
　2. 認知症　　3. その他の記憶障害（　　　　）
　4. 学習の困難　ア 読み　イ 書き　ウ 算数　エ その他（　　）
　5. 遂行機能障害　6. 注意障害　7. その他（　　）
(11) 広汎性発達障害関連症状
　1. 相互的な社会関係の質的障害　2. コミュニケーションのパターンにおける質的障害
　3. 限定した常同的で反復的な関心と活動（　　　　）
(12) その他（　　　　）

⑤ ④の病状・状態像等の具体的程度、症状、検査所見　等

〔検査所見：検査名、検査結果、検査時期〕

生活能力の状態

⑥生活能力の状態（保護的環境ではない場合を想定して判断する。児童では年齢相応の能力と比較の上で判断する）

1. 現在の生活環境
　入院・入所（施設名　　　　）・在宅（ア 単身・イ 家族等と同居）・その他（　　）
2. 日常生活能力の判定（該当するもの一つを○で囲む）
　(1) 適切な食事摂取
　　　自発的にできる・自発的にできるが援助が必要・援助があればできる・できない
　(2) 身辺の清潔保持、規則正しい生活
　　　自発的にできる・自発的にできるが援助が必要・援助があればできる・できない
　(3) 金銭管理と買物
　　　適切にできる・おおむねできるが援助が必要・援助があればできる・できない
　(4) 通院と服薬（要・不要）
　　　適切にできる・おおむねできるが援助が必要・援助があればできる・できない
　(5) 他人との意思伝達・対人関係
　　　適切にできる・おおむねできるが援助が必要・援助があればできる・できない
　(6) 身近の安全保持・危機対応
　　　適切にできる・おおむねできるが援助が必要・援助があればできる・できない
　(7) 社会的手続きや公共施設の利用
　　　適切にできる・おおむねできるが援助が必要・援助があればできる・できない
　(8) 趣味・娯楽への関心、文化的社会的活動への参加
　　　適切にできる・おおむねできるが援助が必要・援助があればできる・できない

3. 日常生活能力の程度
　（該当する番号を選んで、どれか一つを○で囲む）
　(1)　精神障害を認めるが、日常生活及び社会生活は普通にできる。
　(2)　精神障害を認め、日常生活又は社会生活に一定の制限を受ける。
　(3)　精神障害を認め、日常生活に著しい制限を受けており、時に応じて援助を必要とする。
　(4)　精神障害を認め、日常生活に著しい制限を受けており、常時援助を必要とする。
　(5)　精神障害を認め、身のまわりのことはほとんどできない。

⑦　⑥の具体的程度、状態等

⑧現在の障害福祉等のサービス利用状況（該当する項目を○で囲む）　障害者の日常生活及び社会生活を総合的に支援するための法律に規定
　ア 自立訓練（生活訓練）　イ 共同生活援助（グループホーム）　ウ 居宅介護（ホームヘルプ）　エ その他の障害福祉サービス（　　）
　オ 訪問指導　カ 生活保護　キ その他（　　）

⑨自立支援医療費（精神通院）と同時に申請する場合
　現在の治療内容　(1) 投薬内容

　　　　　　　　(2) 精神療法等　　　　　　　　　　　　　　　(3) 訪問看護指示の有無　（有・無）

　今後の治療方針

「重度かつ継続」に関する意見（該当する項目を○で囲む）　※その他の医師については、3年以上精神医療に従事した内容を記載する
　A 該当　ア 精神保健指定医　年　月から　年　月まで（医療機関名）　　　　　　　　にて精神医療に従事
　B 非該当　イ その他の医師　年　月から　年　月まで（医療機関名）　　　　　　　　にて精神医療に従事

⑩備考

上記のとおり診断します。

令和　　年　　月　　日　　医療機関名称・所在地・電話番号

　　　　　　　　　　　　　　診療担当科名　　　　　　　　　医師氏名（自署または記名捺印）

【精神障害者保健福祉手帳の申請の流れ】

・診断書での申請

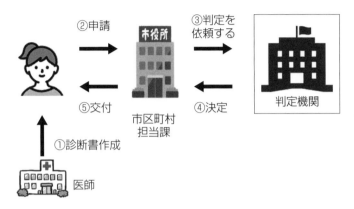

・障害年金証書での申請（診断書は不要）

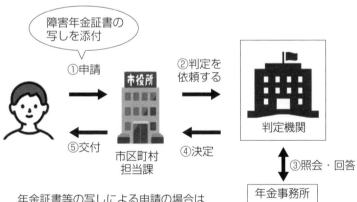

年金証書等の写しによる申請の場合は，
年金の障害等級が手帳の等級になります

◆説明用資料24　障害者手帳により利用できるサービス例

障害者手帳により利用できるサービス例

自治体によって利用できるサービスは異なります。

〇印は該当・△印は一部該当

手帳	障害区分		所得税の所得控除	市県民税の所得控除	事業税の非課税	自動車税の一部減免	水道料の減免	国民健康保険料の減免	NHK放送受信料の減免	がん検診受診料の減免	JR運賃の割引	航空運賃の割引	有料道路の割引	市営駐車場の割引
身体障害者手帳	視覚障害	1	○	○	○	○	△	△	△		△	○	○	○
		2	○	○	△	○	△	△	△		△	○	○	○
		3	○	○	△	○	△	△	△		△	○	○	○
		4	○	○		○	△	△	△		△	○	△	○
		5	○	○		△	△	△	△					○
		6	○	○		△	△	△	△					○
	聴覚障害	2	○	○		○	△	△	△				△	○
		3	○	○		○	△	△	△				△	○
		4	○	○		○	△	△	△				△	○
		6	○	○		△	△	△	△					○
	平衡機能障害	3	○	○		○	△	△	△				△	○
		5	○	○		△	△	△	△					○
	音声・言語・そしゃく機能障害	3	○	○		△	△	△	△				△	○
		4	○	○		○	△	△	△				△	○
	肢体不自由	1	○	○		○	○	△	△		△	○	○	○
		2	○	○		○	○	△	△		△	○	○	○
		3	○	○		○	△	△	△		△	○	△	○
		4	○	○		○	△	△	△		△	○	△	○
		5	○	○		△	△	△	△					○
		6	○	○		△	△	△	△					○
	内部障害	1	○	○		○	○	△	△		△	○	○	○
		2	○	○		○	○	△	△		△	○	○	○
		3	○	○		○	△	△	△		△	○	△	○
		4	○	○		○	△	△	△		△	○	△	○
療育手帳	A判定	1	○	○		○	△	△	△		△	○	○	○
		2	○	○		○	△	△	△		△	○	△	○
	B判定	3	○	○		△	△	△	△					○
		4	○	○		△	△	△	△					○
精神障害者保健福祉手帳		1	○	○		○	○	△	△	○		○		○
		2	○	○		△	△	△	△	○		○		○
		3	○	○		△	△	△	△					○

※　名古屋市「障害者福祉のしおり」2021版をもとに作成（一部抜粋・加筆）

第4章

生活安定のための「社会手当」

定期的に受けることのできる手当があれば，助かる人も多いでしょう。
要件に該当すれば受けられる手当はあります。
受給するには申請が必要です。

第4章は，知っておきたい社会手当の概要として次の2つを取り上げています。

1. 児童手当や障害福祉手当などの社会手当
2. 基礎年金を受給する人が受けられる年金生活者支援給付金

アドバイス段階では，本当に受けられるかどうかはわからないので，確定的なことはいえないと思います。

「もしかしたら，対象になるかも」
と，手当の存在を伝えるだけでも，大きなサポートになります。

Ⅰ　社会手当を活用する

　児童を養育している人や，障害のある児童を監護している人，障害がある人などが受けることができる手当があります。どれもよく似た名称ですが，それぞれに要件が異なります。

1　子ども・障害のある人の手当

申請をすれば受けられる手当ってあるの？

➤ 子どもの手当・障害のある人の手当

　子どもや障害のある人に関する手当には，国が制定する全国一律のものと，各自治体が詳細を決めているものがあります。ここでは利用する人が多い全国一律の5つの手当を説明します。相談窓口は，すべて市区町村の担当課です。原則として申請した月の翌月分から支給されるので，要件に該当しているのであれば，早めの手続が必要です。

【5つの社会手当と年齢区分】

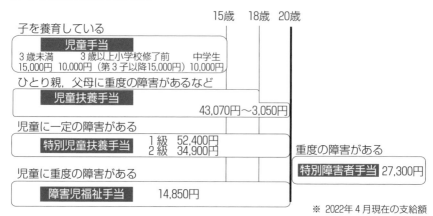

※　2022年4月現在の支給額

2　児童手当

子を養育しているときに受給できる手当は？

> 児童手当は，０歳から中学校修了（15歳の誕生日後の３月31日）までの児童を養育している人に対して支給される手当です。

➢ 児童手当の対象者

中学校修了（15歳の誕生日後の最初の３月31日）までの児童を養育している人が対象です。

➢ 支給額

児童の年齢	児童手当の額（１人当たり月額）
３歳未満	一律15,000円
３歳以上小学校修了前	10,000円（第３子以降は15,000円）
中学生	一律10,000円

- 児童を養育している人の所得が限度額以上の場合は，特例給付として月額一律5,000円が支給されます。2022年10月以降は両親のいずれかの年収1,200万円以上の場合は支給されません。
- 「第３子以降」とは高校卒業までの養育している児童のうち３番目以降をいいます。

➢ その他のルール

- 原則として，児童が日本国内に住んでいる場合に支給されます。
- 父母が離婚協議中で別居している場合は，児童と同居している人に優先的に支給されます。
- 児童を養育する未成年後見人がいる場合には，未成年後見人に支給されます。
- 児童が児童養護施設に入所もしくは里親等に委託されている場合は，施設の設置者または里親が受給者になります。

3 児童扶養手当

ひとり親，父母に重度の障害があるときの手当は？

　児童扶養手当は，父母の離婚などにより，父親または母親と生計が同じでない児童を養育している家庭（ひとり親家庭等）に支給されます。

➢ 児童扶養手当の対象者

　18歳に達する日以後の最初の３月31日までの間にある児童（心身に中程度以上の障害を有する場合は20歳未満）を扶養している父または母や，父母に代わってその児童を養育している人（祖父母等）が対象です。

➢ 支給の要件

- 父母が婚姻を解消した児童
- 父または母が死亡した児童
- 父または母が１年以上拘禁されている児童
- 父または母が重度の障害（国民年金の障害等級１級程度）にある児童
- 父または母の生死が明らかでない児童
- 父または母から１年以上遺棄されている児童
- 母が婚姻によらないで懐胎した児童　ほか

※　児童が児童福祉施設などに入所，里親に預けられたとき，父または母の配偶者（内縁関係を含む）に養育されているときなどは対象になりません。

➢ 支給額（2022年４月現在）

対象児童	全部支給	一部支給
1人目	43,070円	43,060円～10,160円
2人目	10,170円	10,160円～5,090円
3人目以降（1人につき）	6,100円	6,090円～3,050円

注：所得制限があり，所得額に応じて一部支給の額が決定されます。

> 公的年金を受給するとき

　公的年金等が受給できる場合には児童扶養手当額の全部または一部を受給することはできません。公的年金等とは，遺族年金，障害年金，老齢年金，労災年金，遺族補償年金などをいいます。

●障害年金以外の公的年金を受給しているとき

　年金の月額が児童扶養手当支給額を下回るときは，その差額分が児童扶養手当として支給されます。

●障害年金を受給しているとき

　児童扶養手当法の改正により，ひとり親家庭においても，障害年金の子の加算部分の額との差額を児童扶養手当として受給できるようになっています。

【障害基礎年金を受給するとき（両親がいるケース）】

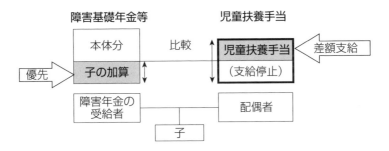

【障害基礎年金を受給するとき（ひとり親のケース）（2021年改正）】

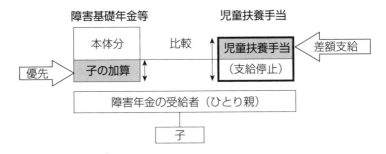

4　特別児童扶養手当

児童に一定の障害があるときの手当は？

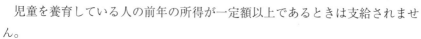

　特別児童扶養手当は，20歳未満で精神または身体に障害を有する児童を家庭で監護，養育している父母等に支給されます

➢ 特別児童扶養手当の対象者

　20歳未満で精神または身体に障害を有する児童を家庭で監護，養育している父母等が対象です。

➢ 支給される要件

　児童の障害の程度は，おおむね下記のとおりです。

- 身体障害者手帳1～3級程度，4級の一部
- 療育手帳A，B
- 精神障害→上記と同程度
- 複数の障害→上記より軽度でも対象になることがある
- 手帳は持たないが，障害・疾病等により日常生活に著しい困難があるとき

　※　具体的な基準は「障害程度基準表（2022年4月1日改正・特別児童扶養手当等の支給に関する法律施行令別表第三）」（次頁参照）に規定されています。

➢ 支給月額（2022年4月現在）

　1級　52,400円

　2級　34,900円

➢ 所得制限

　児童を養育している人の前年の所得が一定額以上であるときは支給されません。

➢ 他の手当との併給

　児童手当・児童扶養手当・障害児福祉手当との併給が可能です。

◆説明用資料25　特別児童扶養手当

特別児童扶養手当（20歳未満）

　下記の障害状態にある20歳未満の児童を養育する父母などに支給されます。

➢ 支給月額　　1級52,400円　2級34,900円（2022年4月現在）

➢ 障害の程度の基準

1級	1	両眼の視力がそれぞれ0.03以下のもの
	2	一眼の視力が0.04，他眼の視力が手動弁以下のもの
	3	ゴールドマン型視野計による測定の結果，両眼のⅠ／4視標による周辺視野角度の和がそれぞれ80度以下かつⅠ／2視標による両眼中心視野角度が28度以下のもの
	4	自動視野計による測定の結果，両眼開放視認点数が70点以下かつ両眼中心視野視認点数が20点以下のもの
	5	両耳の聴力レベルが100デシベル以上のもの
	6	両上肢の機能に著しい障害を有するもの
	7	両上肢のすべての指を欠くもの
	8	両上肢のすべての指の機能に著しい障害を有するもの
	9	両下肢の機能に著しい障害を有するもの
	10	両下肢を足関節以上で失ったもの
	11	体幹の機能に座っていることができない程度または立ち上がることができない程度の障害を有するもの
	12	身体の機能の障害または長期にわたる安静を必要とする病状が前各号と同程度以上と認められる状態であって，日常生活の用を弁ずることを不能ならしめる程度のもの
	13	精神の障害であって，前各号と同程度以上と認められる程度のもの
	14	身体の機能の障害もしくは病状または精神の障害が重複する場合であって，その状態が前各号と同程度以上と認められる程度のもの
2級	1	両眼の視力がそれぞれ0.07以下のもの
	2	一眼の視力が0.08，他眼の視力が手動弁以下のもの
	3	ゴールドマン型視野計による測定の結果，両眼のⅠ／4視標による周辺視野角度の和がそれぞれ80度以下かつⅠ／2視標による両眼中心視野角度が56度以下のもの
	4	自動視野計による測定の結果，両眼開放視認点数が70点以下かつ両眼中心視野視認点数が40点以下のもの
	5	両耳の聴力レベルが90デシベル以上のもの
	6	平衡機能に著しい障害を有するもの
	7	そしゃく機能を失ったもの
	8	音声または言語機能に著しい障害を有するもの
	9	両上肢のおや指およびひとさし指または中指を欠くもの
	10	両上肢のおや指およびひとさし指または中指の機能に著しい障害を有するもの
	11	一上肢の機能に著しい障害を有するもの
	12	一上肢のすべての指を欠くもの
	13	一上肢のすべての指の機能に著しい障害を有するもの
	14	両下肢のすべての指を欠くもの
	15	一下肢の機能に著しい障害を有するもの
	16	一下肢を足関節以上で欠くもの
	17	体幹の機能に歩くことができない程度の障害を有するもの
	18	身体の機能の障害または長期にわたる安静を必要とする病状が前各号と同程度以上と認められる状態であって，日常生活が著しい制限を受けるか，または日常生活に著しい制限を加えることを必要とする程度のもの
	19	精神の障害であって，前各号と同程度以上と認められる程度のもの
	20	身体の機能の障害もしくは病状または精神の障害が重複する場合であって，その状態が前各号と同程度以上と認められる程度のもの

※　所得制限があります。

➢ 相談窓口　市区町村の障害福祉担当課

第4章　生活安定のための「社会手当」

5　障害児福祉手当

児童に重度の障害があるときの手当は？

　障害児福祉手当は，重度障害児に対して，障害のため必要になる精神的，物質的な特別の負担の軽減の一助として支給されます。

➤ 障害児福祉手当の対象者
　身体または精神に重度の障害を有する在宅の20歳未満の人が対象です。

➤ 支給される要件
　20歳未満の障害児であり，おおむね以下の障害の程度を有する人です。日常生活において常時の介護を必要とする状態であることが要件です。

- 身体障害者手帳1級および2級の一部
- 療育手帳A程度
- 重度の精神障害
- 上記と同程度の状態

　※　具体的な基準は「障害程度基準表（2022年4月1日改正・特別児童扶養手当等の支給に関する法律施行令別表第一）」（次頁参照）に規定されています。

➤ 支給月額（2022年4月現在）
14,850円

➤ 所得制限等
　障害のある本人または扶養者の前年の所得が一定額以上であるときは支給されません。また，施設等に入所している人は対象外です。

➤ 他の手当との併給
　特別児童扶養手当との併給は可能です。

◆説明用資料26 障害児福祉手当

障害児福祉手当（20歳未満）

20歳未満の下記の障害状態にある人に支給されます。

➢ 支給月額 　14,850円（2022年4月現在）

➢ 障害の程度の基準（抜粋）

1	両眼の視力がそれぞれ0.02以下のもの
2	両耳の聴力が補聴器を用いても音声を識別することができない程度のもの
3	両上肢の機能に著しい障害を有するもの
4	両上肢のすべての指を欠くもの
5	両下肢の用を全く廃したもの
6	両大腿を2分の1以上失ったもの
7	体幹の機能に座っていることができない程度の障害を有するもの
8	身体の機能の障害または長期にわたる安静を必要とする病状が前各号と同程度以上と認められている状態であって，日常生活の用を弁ずることを不能ならしめる程度のもの
9	精神の障害であって，前各号と同程度以上と認められる程度のもの
10	身体の機能の障害もしくは病状または精神の障害が重複する場合であって，その状態が前各号と同程度以上と認められる程度のもの

8 には，下記のような状態が該当します。

両眼の視力がそれぞれ0.03以下のものまたは一眼の視力が0.04，他眼の視力が手動弁以下のものであり，かつ，両眼による視野が2分の1以上欠損したもの

両上肢の機能障害により，食事および洗面，便所の処理，衣服の着脱が介護なしでは自立できない状態にあり，日常生活の用を弁ずることを不能ならしめる程度のもの

両下肢の著しい機能障害により，階段の昇降および室内の歩行が介護なしでは自立できない状態にあり，日常生活の用を弁ずることを不能ならしめる程度のもの

内部障害は，臨床状態，一般状態，治療および病状の経過等の判定により，自己の身辺の日常生活活動が極度に制限される状態にあるものが該当する
たとえば，心臓の機能障害では，「呼吸困難，心悸亢進，チアノーゼ，浮腫等の臨床症状，Ｘ線，心電図等の検査成績，一般状態，治療及び病状の経過等の判定により，自己の身辺の日常生活活動が極度に制限される状態にあるもの」とされている

※ 所得制限があります。

- 特別児童扶養手当と併給することは可能です。
- 施設等に入所しているときは対象になりません。

➢ 相談窓口 　市区町村の障害福祉担当課

第4章 生活安定のための「社会手当」

6 特別障害者手当

20歳以上で重度の障害があるときの手当
は？

精神または身体に著しく重度の障害を有し，日常生活において常時特別の
介護を必要とする特別障害者に対して，手当が支給されます。

➢ 特別障害者手当の対象者

20歳以上できわめて重度の障害があり，日常生活に常時特別の介護を必要と
する在宅の人が対象です。

➢ 支給される要件

20歳以上で，おおむね以下の障害の程度を有する人です。

- 身体障害者手帳１級，２級，療育手帳Ａ程度の障害が重複する人
- きわめて重度な精神障害，内部疾患，難病

※ 具体的な基準は「障害程度基準表（2022年４月１日改正・特別児童扶養手当等の支給
に関する法律施行令別表第二」（次頁参照）に規定されています。

➢ 支給月額（2022年４月現在）

27,300円

➢ 所得制限等

障害のある本人または扶養者の前年の所得が一定額以上であるときには支給
されません。また，施設等に入所している人，および病院等に３カ月を超えて
入院している人は対象になりません。

➢ 他の手当との併給

特別障害者手当と障害年金を併給することは可能であり，20歳になると両方
の請求をする人も多いです。基準が違うため，１級の障害基礎年金に該当して
も特別障害者手当を受けられない人もいれば，２級の障害基礎年金と特別障害
者手当を併せて受給している人もいます。

◆説明用資料27　特別障害者手当

特別障害者手当（20歳以上）

　　20歳以上の下記の障害状態にある人に支給されます。
- ➢ **支給月額**　　　　　　27,300円（2022年4月現在）
- ➢ **障害の程度の基準（抜粋）**
  1. 別表アが2つ以上ある
  2. 別表アが1つ以上かつ別表イが2つ以上ある（別表アと別表イは別障害）

別表ア

1	イ	両眼の視力がそれぞれ0.03以下のもの
	ロ	一眼の視力が0.04，かつ，他眼の視力が手動弁以下のもの
	ハ	ゴールドマン型視野計による測定の結果，両眼のⅠ／4視標による周辺視野角度の和がそれぞれ80度以下かつⅠ／2視標による両眼中心視野角度が28度以下のもの
	ニ	自動視野計による測定の結果，両眼開放視認点数が70点以下かつ両眼中心視野視認点数が20点以下のもの
2		両耳の聴力レベルが100デシベル以上のもの
3		両上肢の機能に著しい障害を有するものまたは両上肢のすべての指を欠くものもしくは両上肢のすべての指の機能に著しい障害を有するもの
4		両下肢の機能に著しい障害を有するものまたは両下肢を足関節以上で欠くもの
5		体幹の機能に座っていることができない程度または立ち上がることができない程度の障害を有するもの
6		身体の機能の障害または長期にわたる安静を必要とする病状が前各号と同程度以上と認められる状態であって，日常生活の用を弁することを不能ならしめる程度のもの
7		精神の障害であって，前各号と同程度以上と認められる程度のもの

別表イ

1	両眼の視力がそれぞれ0.07以下のもの　または一眼の視力が0.08，かつ，他眼の視力が手動弁以下のもの
2	両耳の聴力レベルが90デシベル以上のもの
3	平衡機能にきわめて著しい障害を有するもの
4	そしゃく機能を失ったもの
5	音声または言語機能を失ったもの
6	両上肢のおや指およびひとさし指の機能を全廃したものまたは両上肢のおや指およびひとさし指を欠くもの
7	一上肢の機能に著しい障害を有するものまたは一上肢のすべての指を欠くものもしくは一上肢のすべての指の機能を全廃したもの
8	一下肢の機能を全廃したものまたは一下肢を大腿の2分の1以上で欠くもの
9	体幹の機能に歩くことができない程度の障害を有するもの
10	身体の機能の障害または長期にわたる安静を必要とする病状が前各号と同程度以上と認められる状態であって，日常生活が著しい制限を受けるか，または日常生活に著しい制限を加えることを必要とする程度のもの
11	精神の障害であって，前各号と同程度以上と認められる程度のもの

※　所得制限があります。

　　障害年金と併給することは可能です。
- ➢ **相談窓口　市区町村の障害福祉担当課**

第4章　生活安定のための「社会手当」

Ⅱ　年金生活者の給付金を活用する

　老齢基礎年金，遺族基礎年金，障害基礎年金を受けている人に対して，年金生活者支援給付金が支給されることがあります。

1　年金生活者支援給付金とは

年金生活者支援給付金って何？

　年金に上乗せされて支給される給付金です。

➢ 年金生活者支援給付金とは

　年金生活者支援給付金は，消費税率引き上げ分を活用し，公的年金等の収入や所得額が一定額以下の年金受給者の生活を支援するために，年金に上乗せして支給されるものです。老齢（補足的老齢）年金生活者支援給付金，障害年金生活者支援給付金，遺族年金生活者支援給付金の3つの給付金があり，それぞれに支給要件があります。相談窓口は年金事務所です。

➢ 年金生活者支援給付金の金額

　それぞれの給付金によって，支給金額は異なります。支給額が決定したときには「年金生活者支援給付金支給決定通知書」が届き，毎年2月，4月，6月，8月，10月の6期にそれぞれ前月までの2カ月分が支払われます。たとえば，4月分と5月分は6月15日に支給されます。これは，年金の支給サイクルと同じです。

　また，給付金の額は，物価の変動を受けて，毎年変動します。金額が変わったときには，「年金生活者支援給付金支給金額改定通知書」が送付されます。

➢ 支給は申請月の翌月から

　年金生活者支援給付金は，原則として申請した月の翌月分から支給されます。老齢基礎年金，障害基礎年金，遺族基礎年金は，その権利が発生したときに遡って支払われることがありますが，給付金は原則として遡りません。例外的に，基礎年金の権利が発生した日から3カ月以内に請求すれば，受給権発生日の翌月から支給されるという扱いはあるものの，速やかな請求手続が必要です。

➢ 年金生活者支援給付金が支給される期間

　年金生活者支援給付金制度は恒久的な制度ですので，支給要件を満たしていれば，給付金を受け続けることができます。給付手続は，一度行えば翌年以降に行う必要はありません。ただし，支給要件から外れて年金生活者支援給付金の支給対象外となった人が，その後再び支給要件を満たした場合には，再度認定請求の手続が必要です。

➢ 相談窓口

　年金生活者支援給付金の相談窓口は，年金事務所です。

【3つの年金生活者支援給付金】

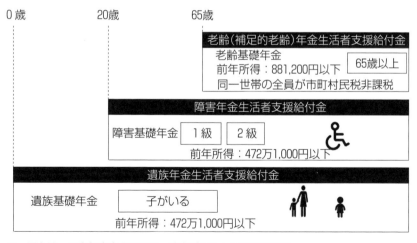

※　子とは，18歳年度末までの子。障害があるときは20歳未満。

2　老齢年金生活者支援給付金

老齢基礎年金の上乗せ給付はあるの？

　　一定の要件を満たせば，老齢基礎年金の上乗せとして，老齢（補足的老齢）年金生活者支援給付金が受給できます。

➢ 老齢年金生活者支援給付金の対象者

　次の支給要件をすべて満たしている人は，老齢年金生活者支援給付金が受給できます。

(1)　65歳以上の老齢基礎年金の受給者

(2)　同一世帯の全員が市町村民税非課税

(3)　前年の公的年金等の収入とその他の所得の合計額が一定額以下

※　毎年基準が変わります。2021年分所得は781,200円以下。

収入金額に障害年金・遺族年金等の非課税収入は含まれません。

➢ 老齢年金生活者支援給付金の額

　月額5,000円を基準額として，保険料納付済期間等に応じて算出されます。基準額は毎年変動します。2022年度は5,020円です。

➢ 補足的老齢年金生活者支援給付金

　上記(1)(2)の要件を満たし(3)の金額が781,200円を超え881,200円以下（2021年分所得額。毎年基準は変わります）のときは「補足的老齢年金生活者支援給付金」が支給されます。

　補足的老齢年金生活者支援給付金の額は，月額5,000円を基準額として，保険料納付済期間等に応じて算出した額に，一定の調整率をかけて算出されます。つまり，老齢年金生活者支援給付金より支給額が少なくなるように調整したうえで支給されます。

3　障害年金生活者支援給付金

障害基礎年金の上乗せ給付はあるの？

　前年所得が一定額以下であれば，障害基礎年金の上乗せとして，障害年金生活者支援給付金が受給できます。

➢ 障害年金生活者支援給付金の対象者

　障害基礎年金を受給している人は，「障害年金生活者支援給付金」が受給できます。次の支給要件をすべて満たしている人が対象です。

⑴　障害基礎年金の受給者

⑵　前年の所得が472万1,000円以下

　障害年金等の非課税収入は所得には含まれません。また，上記は扶養家族がいない場合の基準額です。扶養家族の人数に応じて増額されます。

➢ 障害年金生活者支援給付金の額

- 障害等級2級の人：月約5,000円　　※毎年変動（2022年度：5,020円）
- 障害等級1級の人：月約6,250円　　※毎年変動（2022年度：6,275円）

➢ 共済組合に障害年金を請求するとき

　障害基礎年金または障害厚生年金の請求書類を年金事務所の窓口で提出する際には，給付金についての案内があるはずなので，指示に従い請求書を一緒に提出します。一方で，共済組合に障害厚生年金を請求するときは，年金の請求書類は共済組合に，給付金の請求書は日本年金機構に，それぞれ提出する必要があります。手続が遅れると受給開始が遅くなるので注意が必要です。

障害年金を請求するときには，給付金の申請も同時に行うこと

第4章　生活安定のための「社会手当」

4　遺族年金生活者支援給付金

> 遺族基礎年金の上乗せ給付はあるの？

　前年所得が一定額以下であれば，遺族基礎年金の上乗せとして，遺族年金生活者支援給付金が受給できます。

➤ 遺族年金生活者支援給付金の対象者

　遺族基礎年金を受給している人は「遺族年金生活者支援給付金」が受給できます。次の支給要件をすべて満たしている人が対象です。

　⑴　遺族基礎年金の受給者

　⑵　前年の所得が472万1,000円以下

　遺族年金等の非課税収入は所得には含まれません。また，上記は扶養家族がいない場合の基準額です。扶養家族の人数に応じて増額されます。

遺族年金の手続の際には，給付金の申請も同時に行うこと

➤ 遺族年金生活者支援給付金の額

　月約5,000円　　※毎年変動（2022年度：5,020円）

　ただし，2人以上の子が遺族基礎年金を受給している場合は，月額を子の数で割った金額がそれぞれに支払われます。

➤ 子が一定年齢になるまで

　遺族基礎年金は，子のある配偶者または子に支給される年金であり，子が18歳到達の年度末（障害等級1級または2級に該当する子は20歳）を迎えると失権します。したがって，遺族年金生活者支援給付金も，子が一定年齢に達した時点で受給できなくなります。

第5章

仕事と生活の安定のための制度

「病気やケガで働けなくなった」
「家族の介護が必要になってきた」

生きていると，いろんなことがあります。
それを支えるための制度もあります。

たとえば，家族の介護が必要になったとき，仕事と介護の両立ができず，介護
する側が体調を崩してしまうことがよくあります。
話を聞くと，介護保険サービスや，介護休暇などの存在を知らず，全く利用し
ていない人が多いのです。
制度があっても，利用しなければ制度がないのと同じです。

第5章は，仕事と生活の安定のために"使える制度"を取り上げています。
労災保険，雇用保険（基本手当），介護休暇，障害者福祉サービス，介護保険
サービスなどの身近な制度です。

「こんな制度があるよ」のひと言が，大きな支えになるかもしれません。

Ⅰ　労災保険を知っておく

相談者から「労災保険をもらっています」といわれることがあります。詳しく理解する必要はありませんが，間違った判断にならないように，大まかな概要を確認しておきましょう。

1　労災保険のしくみを大まかに確認

労災保険はどんなときに利用できるの？

　労災保険とは，業務上の事由または通勤による労働者の負傷・疾病・障害または死亡に対して必要な保険給付を行う制度です。

➤労災保険とは

　労災保険は，雇用されている人の業務上や通勤途上の出来事による病気，ケガ，障害，死亡に対して保険給付を行う制度です。その対象者は，正社員だけでなく，契約社員，パート，アルバイト，日雇い等も含みます。

➤健康保険との違い

　私たちは病気やケガで病院にかかるとき，通常は健康保険を利用しますが，業務上や通勤途上における病気やケガのときには健康保険ではなく，労災保険を利用します。健康保険は医療費の3割の自己負担がありますが，労災保険には自己負担がありません。そのため，病院にかかるときには，業務上や通勤途上の傷病であることを伝えなければなりません。

➤業務災害と通勤災害

　労災保険には，業務上の「業務災害」と通勤途上の「通勤災害」があります。業務災害には出張中の災害も含まれます。業務時間内であっても業務に関

係のない私的な行為に起因するケガなどは業務災害に該当しません。通勤災害は，家と職場の移動中に被ったケガなどが対象です。ただし，寄り道をして合理的な経路から外れたり，経路の途中で通勤と関係のない行為をしたときは，その間およびその後の移動は対象外です。例外的に，日用品の購入後に合理的な経路に戻ったときなどは通勤災害の対象となります。

➤ 労災保険給付の種類

労災保険の給付は，下記の図のように状況に応じて行われます。

【主な労災保険給付のフロー図】

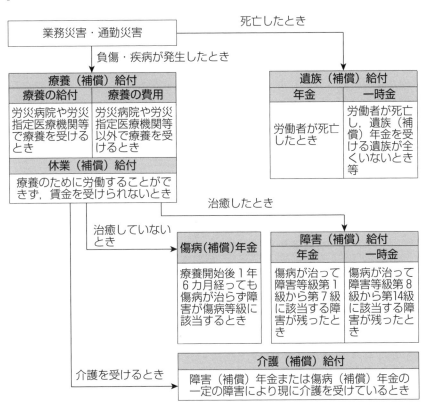

※ 保険給付について，業務災害による給付は「○○補償給付」になります（例：休業補償給付）。通勤災害による給付は「○○給付」になります（例：休業給付）。

仕事と生活の安定のための制度 第5章

2 労災保険給付の内容

労災保険にはどんな給付があるの？

労災保険には，医療費，生活保障，障害になったときの年金など，さまざまな給付があります。

➢ 労災保険給付の主な内容

主な保険給付		保険給付の内容	追加（特別支給金）の有無
療養（補償）給付	療養の給付	病院での治療費など	－
	療養の費用	病院での治療費など （労災病院等以外を受診のとき）	－
休業（補償）給付		休業4日目から休業1日につき給付基礎日額の60%相当額 （さらに，休業特別支給金が20%相当額）	あり
傷病（補償）年金		障害の程度に応じ給付基礎日額の313日分から245日分の年金	あり
障害（補償）給付	年金	障害の程度に応じ給付基礎日額の313日分から131日分の年金	あり
	一時金	障害の程度に応じ給付基礎日額の503日分から56日分の一時金	あり
遺族（補償）給付	年金	遺族の数等に応じ給付基礎日額の245日分から153日分の年金 ※年金を受ける遺族がいないときは，「遺族（補償）等一時金」	あり
介護（補償）年金		介護の費用として支出した額（上限あり）	－

※ 給付基礎日額とは傷病発生日の直前3カ月間の1日当たりの賃金額で賞与は除きます。

- 休業給付……給付基礎日額×60%
- 休業特別支給金……給付基礎日額×20%

おおむね給与の8割が保障されています。

3　障害（補償）給付

障害が残ったときに受けられる給付は？

病気やケガが治癒し，一定の障害が残ったときには，障害（補償）給付が支給されます。

➢ 障害（補償）給付

業務上や通勤途上における病気やケガが治癒し，一定の障害が残ったときには障害（補償）給付が支給されます。

障害の程度が1級から7級までに該当するときには，障害（補償）年金に加えて障害特別支給金（一時金）と障害特別年金が支給されます。8級から14級に該当するときは，一時金として障害（補償）一時金，障害特別支給金，障害特別一時金が支給されます。

障害状態にあるにもかかわらず"傷病が治り障害状態にない"として障害（補償）給付が支給されていないケースがあります。たとえば，事故によるケガが治ったとしても後々になり障害が残ったことがわかることがあります。サポートする際に気をつけたいポイントです。

第5章　仕事と生活の安定のための制度

Case

通勤途上の交通事故により救急搬送され，骨折などにより数カ月入院治療をした人がいました。病院にかかっている間の治療費は労災保険から支給され，休業給付も受給していました。ケガが治癒し，復職したところ，以前とは異なる状況にあることに気づきました。仕事の段取りを何度説明されても覚えられないのです。結局，仕事を続けることができず退職に至りました。数年後，高次脳機能障害であることがわかり，障害厚生年金を受給するようになりました。労災保険からの障害給付は受けておらず，労働基準監督署に相談に行ったところ，必要書類を提出するようにいわれ，その後5級の障害年金を受けられるようになりました。

4　労災保険と厚生年金の併給調整

> 労災保険を受けていれば障害年金は受けられない？

労災保険の障害（補償）年金を受けていても，障害厚生年金は受給できます。年金額が調整されても，受ける年金総額が減ることはありません。

➤ 労災保険の障害（補償）年金を受けているとき

　労災保険の障害（補償）年金のみを受けている人がいたら，少し気にとめたほうがよいかもしれません。なぜなら，他の給付が受けられるにもかかわらず，「労災を受けていると他の年金は受けられない」と思い込んでいる可能性があるからです。

➤ 同一の事由により複数の給付が行われるとき

　労災保険と厚生年金等の年金は，原則として両方を受けることができます。その場合には労災保険側が減額されます。「労災保険が減額されるのであれば他の年金はいらない」とおっしゃる人がいますが，障害厚生年金を受けても現在受給する障害（補償）年金の額を下回ることはありません。それより，現在よりも多くの年金を受けられる可能性があります。

　一定程度の障害状態にあり，労災保険の障害（補償）年金のみを受給している人に対しては「一度，年金事務所で相談してみては」との声かけが1つのサポートになるかもしれません。

 「労災保険があるから」といって障害厚生年金を受けていない人がいる

➤ 異なる事由により複数の給付が行われるとき

　併給調整が行われるのは，同一の理由によって支給される給付のみです。たとえば，業務中の事故で片手の機能を失った人が，心疾患による障害によって

障害厚生年金を受給したとしても,「同一の事由」でないので調整はなく,障害（補償）年金と障害厚生年金が減額されることなく受給できます。ただし,20歳前の傷病による障害基礎年金と労災保険の給付は同時に受けられません。

【社会保険の年金を受給したときの労災保険の年金減額率】

併給される年金		障害（補償）年金	遺族（補償）年金	傷病（補償）年金
厚生年金と国民年金	障害厚生年金および障害基礎年金	0.73	-	0.73
	遺族厚生年金および遺族基礎年金	-	0.80	-
厚生年金	障害厚生年金	0.83	-	0.88
	遺族厚生年金	-	0.84	-
国民年金	障害基礎年金	0.88	-	0.88
	遺族基礎年金	-	0.88	-

　減額した後の労災保険の年金と社会保険の年金額の合計が,減額前の労災保険の年金より少なくなるときは,「減額前の労災保険の年金額から社会保険の年金額を引いた額」が労災保険の年金額になります。

【社会保険の年金を受給したときの休業（補償）給付の減額率】

併給される年金		休業（補償）給付
厚生年金と国民年金	障害厚生年金および障害基礎年金	0.73
厚生年金	障害厚生年金	0.88
国民年金	障害基礎年金	0.88

　減額した後の労災保険の休業（補償）給付と社会保険の年金額（1／365で計算）が,減額前の労災保険の年金より少なくなるときは,「減額前の労災保険の休業（補償）給付から社会保険の年金額（1／365で計算）を引いた額」が労災保険の年金額になります。

Ⅱ　雇用保険を活用する

　雇用保険は働く人の安定した雇用等を目的とした社会保険の1つです。なかでも，よく聞かれるのが会社を退職したときに受給する「基本手当」です。

1　基本手当のしくみを大まかに確認

　退職をすれば誰でも失業保険を受けることができるの？

　基本手当は退職すると誰でも受けられるものではなく，一定の要件があります。

➢ 基本手当の要件

　会社を退職すると受給できるのが「基本手当」です。失業保険というほうがわかりやすいかもしれません。受給には次の要件を満たす必要があります。

- 雇用保険の被保険者期間が一定以上あること
- 働く能力と意思があること

➢ 雇用保険の被保険者期間

　退職前の2年間に通算12カ月以上の被保険者期間が必要です。解雇や正当な理由のある自己都合等により退職したときは，退職前の1年間に通算6カ月以上あれば要件を満たします。

　「正当な理由のある自己都合」には，心身の障害なども含まれますが，ケースにより判断が異なりますので，詳細はハローワークで確認する必要があります。

2　基本手当の金額

> 基本手当はいくら受給できるの？

基本手当の金額は，退職前 6 カ月間の給与の額により決まります。

➢ 基本手当の受給額

基本手当の受給額は，下記により算定されます。

基本手当の受給額　＝　基本手当日額　×　所定給付日数

➢ 基本手当日額とは

「基本手当日額」とは 1 日当たりの受給額です。賃金日額（退職日直前の 6 カ月間の賃金総額を180で割った金額）の45～80％相当で，賃金が低くなるほど高い率になります。賞与は含まれず，年齢区分ごとに上限があります。

➢ 基本手当の所定給付日数

「所定給付日数」とは，基本手当を受給できる日数です。退職時の年齢，雇用保険への加入期間，退職理由などによって90～360日の範囲で決定されます。雇用保険の加入期間が長いときや，倒産や解雇等による退職のときなどは，一般の離職者に比べて所定給付日数が多くなります。

また，退職理由とは別に，就職が困難な状況にある「就職困難者」であることが認められれば，所定給付日数が多くなります（160頁）。

➢ 受けられる基本手当日額を知りたいとき

基本手当日額はハローワークに離職票を持っていけば確認できます。離職票は退職した会社から発行される書類で，賃金額や離職理由が記載されています。解雇なのに自己都合などとの記載があれば，ハローワークで相談したほうがよいでしょう。所定給付日数が違ってくることがあります。

第 5 章　仕事と生活の安定のための制度

3　基本手当受給期間の延長

療養中は基本手当を受けることはできないの？

　働くことのできない状態であれば，基本手当を受けることはできません。
　当面の受給する権利を確保する方法として受給期間の延長申請があります。

➢ 療養中に基本手当は受けられるのか

　入院中や自宅療養中の人からの「基本手当を受けることはできないか？」とのご相談は多いですが，働くことのできない状態であれば要件を満たしません。

➢ 受給期間の延長申請

　一方で，基本手当を受けることのできる期間（受給期間）には限度があります。一般的には，退職してから1年を超えると受給できなくなります。

Case

　退職したときは療養中であり働くことのできない状態の人がいました。1年間の療養を経て体調が回復したためハローワークに相談に行ったところ，すでに受給期間が過ぎていることを理由に，基本手当を受けることができませんでした。

　退職時に療養中であれば，受給期間の延長申請をしておくとよいです。通常1年間の受給期間を，最大3年（合計4年）まで延長することができます。

働くことができない状態なら，受給期間の延長申請を行う

　ハローワークへの申請は，引き続き30日以上職業に就くことができなくなった日の翌日以降から可能です。延長後の受給期間の最後の日までの間とされていますが，遅くなると所定給付日数分を受給できない可能性も出てくるので，早めの手続が必要です。代理人や郵送による申請も可能です。

4 基本手当受給延長の期限到来

基本手当の受給期間の延長期限が，まもなく到来します。

基本手当の受給期間を延長したものの，療養が長引き延長後の期限が迫ってきたとき「受給する方法はないのか？」との相談を受けることがあります。

➢ 療養中は基本手当を受けられない

受給期間の延長後の期限が迫ってきたとき，期限到来までに基本手当を受給したいとのご相談も多いです。再度の延長はできないため，基本手当の受給は諦めるしかないのですが，「働くことができる」と自分に言い聞かせて，無理をしてでも基本手当を受けたいと考える人もいます。以前にあった相談事例をご紹介します。

Case

Aさんは精神の障害により会社を退職し3年が過ぎようとしていますが，体調は安定していません。Aさんのご主人から「基本手当の受給期間の延長期限が迫ってきたので受給したい」とのご相談がありました。下記2点をアドバイスしたところ，体調を優先して基本手当の受給は諦めることにしたそうです。

●アドバイス1 健康保険と国民年金の保険料

現在，家族の扶養に入っているのであれば，基本手当を受給することにより被扶養者でなくなる可能性があります。1日当たりの基本手当額が，60歳未満の人は3,611円未満，60歳以上または障害のある人は5,000円未満であれば問題ありませんが，それ以上であれば扶養から外れることになり，別途健康保険料と国民年金保険料（60歳未満のとき）を支払うことになります。

●アドバイス2 求職活動実績

基本手当を受給するには原則として求職活動が必要です。療養中であれば体力的にも大変な状態だと思いますので，無理をして体調を崩しては元も子もありません。

第5章 仕事と生活の安定のための制度

5　障害年金と基本手当

障害年金と基本手当は両方受けることが
できるの？

　「障害年金も受けたいし，基本手当も受けたい」。そんな相談も多く寄せら
れます。調整の規定はありません。

➤ 障害年金と基本手当は同時に受給できる

　「障害年金を受給していると基本手当は受けられないのか？」と聞かれるこ
とが多々あります。身体や精神に障害があるとき，障害年金と基本手当の両方
を受給できるのであれば，受給したいと思うでしょう。障害年金と基本手当に
は調整の規定はありませんので，両方を受給することができます。ただし，基
本手当は「働く能力と意思があること」が要件です。

➤「働く能力と意思がある」とは

　働く意思はあっても，病気やケガにより働くことのできない状態であれば
「働く能力と意思がある」とはいえません。

　ただし，ここでいう「働くこと」はフルタイムを指しているのではありませ
ん。たとえば，「短時間勤務で週20時間（雇用保険に加入する基準）くらいで
あれば働くことができる」や「配慮がある職場であれば働くことができる」と
いうのであれば「働く能力と意思がある」状態といえます。障害者雇用による
就労もあり，選択肢は多くあります。

　　　　　　　　障害年金と基本手当は両方受けることができる

➤ 障害がある人の基本手当

　障害者手帳（120頁）を持つ身体障害者，知的障害者，精神障害者は「就職
困難者」として，一般受給者よりも基本手当の所定給付日数が多くなります。
たとえば，1年間の被保険者期間を有する45歳の人の場合，一般受給者であれ

ば90日しか受給できないところ，就職困難者と認定されれば360日になります。基本手当日額が5,000円だとすると，135万円もの受給額の差になります。したがって，ハローワークでの手続時には手帳を持っていることを必ず伝えるようにアドバイスをします。

　身体障害者および知的障害者については障害者手帳を持つ人に限られている一方で，精神障害者は手帳を持っていなくても就職困難者と認められる場合があります。具体的には，「統合失調症，そううつ病（そう病及びうつ病を含む。）またはてんかんに罹っている者」（障害者の雇用の促進等に関する法律施行規則）とされており，「主治医意見書」の提出により認められています。なお，すでに一般受給者として基本手当を受給していても，基本手当の申請日前から上記の精神障害であったことが意見書にて証明できれば，就職困難者と認められ，所定給付日数が多くなります。

　しかし，言い方を換えれば上記の精神障害以外は手帳がなければ「就職困難者」とは認められないということです。基本手当の申請を行う前に，あらかじめ手帳申請の手続をしておくことも考える必要があります。

> **傷病手当金と基本手当は同時に受給できない**

　傷病手当金は「働くことができないこと」が要件の１つです。つまり，傷病手当金を受給している間は，基本手当の要件を満たしません。

【一般離職者と就職困難者との受給日数の比較】

被保険者であった期間		1 年未満	1 年以上 10 年未満	10 年以上 20 年未満	20 年以上
一般離職者（全年齢）		—	90日	120日	150日
就職困難者	45歳未満	150日	300日		
	45歳以上 65歳未満		360日		

Ⅲ　介護休業を活用する

　家族が病気やケガ，高齢などにより，介護が必要な状態になったとき，その家族の世話をする労働者が利用できる制度があります。制度を利用することによって，仕事と介護を両立できるような介護環境を整えることも可能です。しかし，利用できる制度があることを知らない人は多いです。

1　介護休業

仕事と介護の両立が難しい。

　介護休業制度を利用すれば，通算で93日まで休むことができます。その間に，介護環境を整えることが可能です。

➤ 介護休業制度とは

　介護が必要な家族がいるとき，仕事と介護の両立が大変な状況になることがよくあります。家族を介護するために仕事を辞める人さえいます。

　会社に勤めている人であれば，介護休業を取得することができます。介護休業は，労働者が要介護状態にある対象家族を介護するための休業です（介護休業法11条他）。

➤ 対象になる労働者

　対象になるのは対象家族を介護する労働者（日々雇用を除きます）です。期間を定めた働き方（パートなど）の人は，介護休業開始予定日から起算して93日を経過する日から6カ月を経過する日までに労働契約（更新される場合は更新後のもの）が満了することが明らかでないことが要件です。

　会社の規定（労使協定）により下記のとおり対象にならない労働者もいます。

- 入社 1 年未満の労働者
- 申出の日から93日以内に雇用期間が終了することが明らかな労働者
- 1 週間の所定労働日数が 2 日以下の労働者

➤ 介護休業できる日数

　要介護状態にある家族 1 人につき，通算で93日まで休むことができます。介護休業している期間の土日祝日も含み，3 回まで分割して取得できます。

 家族を介護するために通算で93日休むことができる

➤ 対象家族

　対象家族とは，要介護状態にある配偶者（事実婚を含みます），父母，子，配偶者の父母，祖父母，兄弟姉妹，孫です。同居や扶養の要件はありません。要介護状態とは，負傷，疾病または身体上もしくは精神上の障害により 2 週間以上の期間にわたり常時介護を必要とする状態をいいます。要介護認定を受けていなくても利用可能です（170頁）。

【対象家族】

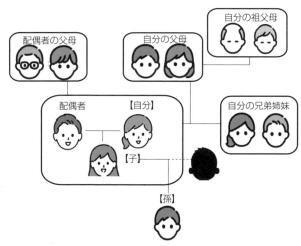

➤ 手続方法

　休業開始予定日の 2 週間前までに，書面等により事業主に申し出ることとされています。相談窓口は，各都道府県労働局雇用環境・均等部（室）です。

2　介護休業給付金

> 介護休業をすると収入がな
> くなってしまう。

　介護休業中に給与が支給されない会社は多いですが，雇用保険制度から支給される介護休業給付金を利用できます。

➢ 介護休業給付金とは

　介護休業給付金は，一定の条件を満たす雇用保険の被保険者が介護休業を取得した場合に支給される給付金です。支給対象になる同じ家族について，下記に該当する場合に93日を限度に３回まで支給されます（雇用保険法61条の６他）。

- 家族の常時介護のために，２週間以上の休業が必要であること
- 職場復帰を前提として介護休業を取得すること

介護休業中は，給付金を受けることができる

➢ 対象家族

　対象家族は介護休業と同じです（163頁）。

➢ 支給される要件

　介護休業給付金が支給される要件は下記のとおりです。

- 介護休業開始日前２年間に11日以上働いた月が12カ月以上あること
- 介護休業中に働いた日数が，月に10日以下であること
- 介護休業中の給与が，休業前の80％未満であること

　入社してすぐの人や勤務日数が少ない人は受けられません。給与が減っていないときも受給できません。

➢ 給付額

　介護休業給付金は賃金（日額）×休業日数（最大93日）×67％で計算します。上限と下限が設定されています。管轄はハローワークです。

3 介護休暇

通院の付き添いのための時間がとれない。

　介護休業が終わり職場復帰した後でも介護は続きます。通院の付き添いなどで，仕事を休まなければならないときに利用できる介護休暇があります。

➢ 介護休暇とは

　介護休暇は，労働者が要介護状態にある対象家族の介護や世話をするための休暇です。年次有給休暇とは別に取得できますが，有給か無給かは会社の規定によります（介護休業法第16条の5他）。

➢ 対象になる労働者

　対象になるのは，対象家族を介護する労働者（日々雇用を除きます）です。会社の規定（労使協定）により下記のとおり対象にならない労働者もいます。

- 入社6カ月未満の労働者
- 1週間の所定労働日数が2日以下の労働者　など

➢ 対象家族

　対象家族は介護休業と同じです（163頁）。

➢ 取得できる日数

- 対象家族が1人のときは，年5日まで
- 対象家族が2人以上のときは，年10日まで

　1日単位，時間単位の取得が可能です。時間単位で取得すれば，出勤前に家族を病院に連れて行ったり，業務終了前の数時間を休業に充てて早く退勤して送迎をしたりすることもできます。

介護休暇は，1日単位，時間単位の取得が可能

第5章　仕事と生活の安定のための制度

4　短時間勤務制度

常時介護が必要な状態です。

短時間勤務制度を利用する方法もあります。

➢ 短時間勤務制度とは

　短時間勤務制度は，労働者が要介護状態にある対象家族の介護や世話をするための所定労働時間の短縮等の措置のことです（介護休業法23条3項）。

➢ 対象になる労働者

　対象になるのは，対象家族を介護する労働者（日々雇用を除きます）です。会社の規定（労使協定）により下記のとおり対象にならない労働者もいます。

- 入社1年未満の労働者
- 1週間の所定労働日数が2日以下の労働者など

➢ 対象家族

　対象家族は介護休業と同じです（163頁）。

➢ 短時間勤務制度の種類

　次のうちいずれか1つ以上の制度を設けることになっており，利用開始日から連続する3年以上の期間に2回以上利用できる制度とされています。

① 短時間勤務の制度

　a　1日の所定労働時間を短縮する制度

　b　週または月の所定労働時間を短縮する制度

　c　週または月の所定労働日数を短縮する制度（隔日勤務等）

　d　労働者が個々に勤務しない日または時間の請求を認める制度

② フレックスタイムの制度

③ 始業や終業の時刻を繰り上げまたは繰り下げる制度（時差出勤の制度）

④ 労働者が利用する介護サービスの費用の助成その他これに準ずる制度

5 所定外労働の制限

介護のため，毎日定時に帰宅したい。

「所定外労働の制限」の請求をすることができます。

➤ 所定外労働の制限（残業免除）とは

事業主は，要介護状態にある対象家族を介護する労働者が請求した場合においては，事業の正常な運営を妨げる場合を除き，所定労働時間を超えて労働させることができないものとされています（介護休業法16条の8第1項）。所定外労働とは就業規則などで定められている勤務時間を超える労働，いわゆる残業のことです。

➤ 対象になる労働者

対象になるのは，対象家族を介護する労働者（日々雇用を除きます）です。会社の規定（労使協定）により下記のとおり対象にならない労働者もいます。

- 入社1年未満の労働者
- 1週間の所定労働日数が2日以下の労働者

➤ 対象家族

対象家族は介護休業と同じです（163頁）。

➤ 請求できる回数

所定外労働の制限の請求は何回でも行うことができます。

➤ 手続方法

1回につき1カ月以上1年以内の期間について，開始日および終了日を明らかにして，制限開始予定日の1カ月前までに請求をしなければなりません。要介護状態にある対象家族がいる限り請求ができます。

第5章 仕事と生活の安定のための制度

6　時間外労働の制限

残業が多いと，仕事と介護の両立が難しくなります。

「時間外労働の制限」の請求をすることができます。

> **時間外労働の制限とは**

　事業主は，要介護状態にある対象家族を介護する労働者が，その対象家族を介護するために請求した場合においては，事業の正常な運営を妨げる場合を除き，1カ月について24時間，1年について150時間を超える時間外労働をさせることができないものとされています（介護休業法18条）。時間外労働とは法定労働時間（原則1日8時間，1週間40時間）を超える労働のことです。

> **対象になる労働者**

　対象になるのは，対象家族を介護する労働者（日々雇用を除きます）です。ただし，下記のとおり対象にならない労働者もいます。

- 入社1年未満の労働者
- 1週間の所定労働日数が2日以下の労働者

> **対象家族**

　対象家族は介護休業と同じです（163頁）。

> **請求できる回数**

　時間外労働の制限の請求は何回でも行うことができます。

> **手続方法**

　1回につき1カ月以上1年以内の期間について，開始日および終了日を明らかにして，制限開始予定日の1カ月前までに請求しなければなりません。要介護状態にある対象家族がいる限り請求ができます。

7　深夜業の制限

深夜業があると介護ができません。

> 「深夜業の制限」の請求をすることができます。

➤ 深夜業の制限とは

　事業主は，要介護状態にある対象家族を介護する労働者が，その対象家族を介護するために請求した場合においては，事業の正常な運営を妨げる場合を除き，深夜において労働させることができないものとされています（介護休業法20条）。深夜業とは，午後10時から午前5時までの労働のことです。

➤ 対象になる労働者

　対象になるのは，対象家族を介護する労働者（日々雇用を除きます）です。ただし，下記のとおり対象にならない労働者もいます。

- 入社1年未満の労働者
- 1週間の所定労働日数が2日以下の労働者
- 所定労働時間の全部が深夜にある労働者
- 深夜に常態として介護することができる同居の家族がいる労働者

➤ 対象家族

　対象家族は介護休業と同じです（163頁）。

➤ 請求できる回数

　深夜業の制限の請求は何回でも行うことができます。

➤ 手続方法

　1回につき1カ月以上6カ月以内の期間について，開始日および終了日を明らかにして，制限開始予定日の1カ月前までに請求しなければなりません。要介護状態にある対象家族がいる限り請求ができます。

8   常時介護を必要とする状態

常時介護を必要とする状態ってどういう状態？

　　常時介護を必要とする状態についての判断基準はありますが，あくまでも参考であり，企業には柔軟に運用するように求められています。

➢ 常時介護を必要とする状態の判断基準（厚生労働省）

　以下の【1】または【2】のいずれかに該当する場合です

　【1】介護保険制度の要介護状態区分において要介護 2 以上であること。

　【2】(1)～(12)の状態のうち，2 が 2 つ以上または 3 が 1 つ以上該当し，かつ，その状態が継続すると認められること。

項目／状態	1	2	3
(1)　座位保持（10分間）	自分で可	支えてもらえればできる	できない
(2)　歩行（5 m 程度）	できる	何かにつかまればできる	できない
(3)　移乗（車いすと便座等）	自分で可	一部介助，見守りが必要	全面的介助
(4)　水分・食事摂取	自分で可	一部介助，見守りが必要	全面的介助
(5)　排泄	自分で可	一部介助，見守りが必要	全面的介助
(6)　衣類の着脱	自分で可	一部介助，見守りが必要	全面的介助
(7)　意思の伝達	できる	ときどきできない	できない
(8)　外出すると戻れない	ない	ときどきある	ほぼ毎回ある
(9)　物を壊したりする	ない	ときどきある	ほぼ毎日ある
(10)　対応が必要なほどの物忘れ	ない	ときどきある	ほぼ毎日ある
(11)　薬の内服	自分で可	一部介助，見守りが必要	全面的介助
(12)　日常の意思決定	できる	重要な意思決定は不可	ほぼできない

◆説明用資料28　介護休業と介護休暇

介護休業と介護休暇

　介護が必要な家族がいるとき，会社に勤めている人であれば，介護休業・介護休暇を取得することができます。

	介護休業	介護休暇
目的	2週間以上の長期的な介護や世話のための休暇	短期，短時間の介護や世話のための休暇
取得日数	対象家族1人につき，93日（3回まで分割取得可能）	対象家族1人につき5日（2人以上であれば10日） ● 1日単位，時間単位の取得
対象家族	要介護状態にある配偶者（事実婚を含む）・父母・子・配偶者の父母・祖父母・兄弟姉妹・孫	
対象労働者	対象家族を介護する労働者（日々雇用を除く） ※　会社の規定（労使協定）により対象外になる労働者もいる。	
	期間を定めた働き方の人は，取得予定日から起算して93日を経過する日から6カ月を経過する日までに労働契約（更新後）が満了することが明らかでないこと	－
その他	● 給料の有無は会社による ● 介護休業給付金が受給できる（賃金（日額）×休業日数×67%で計算）	● 給料の有無は会社による ● 給付金なし

　仕事と介護を両立させるための制度として下記の制度もあります
　● 短時間勤務制度
　● 所定外労働の制限
　● 時間外労働の制限
　● 深夜業の制限

➤ 相談窓口　各都道府県労働局雇用環境・均等部（室）
　家族の介護がいつまで必要か終わりが見えないなか，介護休業制度の93日は，介護に関する長期的方針を決めるための期間として考えられ創設されています。介護を要する家族を抱えた労働者が仕事を継続していくため，介護に関する長期的な方針を決めるまでの緊急的対応措置としての休業期間です。人によって介護を取り巻く状況はさまざまですので，働き方や介護保険サービスについて，勤務先，ケアマネージャーなどの介護の専門家とよく相談し，仕事と介護を両立させるために制度を活用してください。

Ⅳ　障害福祉サービスを活用する

障害福祉サービスとは障害者総合支援法が定めるサービスの総称で，具体的には介護のサービスである「介護給付」と，生活能力や仕事のスキルを身につける訓練を提供する「訓練等給付」を指します。

1　障害福祉の相談窓口

障害福祉サービスについて相談するところは？

　障害のある人に，相談できるところを紹介するだけでも大きなサポートです。障害福祉サービスの利用や制度，地域での生活に関する相談に対応してくれる相談機関，窓口があります。

> **障害がある人の困りごとを相談する**

　障害がある人の困りごとは，それぞれの障害の状態や状況によって異なります。自分に必要なサービスをどこで受けることができるのかがわからず，相談したくても，どこに相談すればよいのかわからない人も多いです。

- ☑　相談するところがわからない
- ☑　どんなことを相談できるのかがわからない
- ☑　どんなサポートを受けることができるのかがわからない
- ☑　サポートの利用方法がわからない
- ☑　そもそも自分がサポートを受けることができるのか不安だ

　相談支援や障害福祉サービスの利用等に対応するさまざまな相談機関があります。相談窓口を紹介するだけでも大きなサポートになります。

➢ 障害福祉の相談窓口

●市区町村の障害福祉担当課

まずは，市区町村の障害福祉担当課です。私たちにとって最も身近な市区町村を中心として「地域生活支援事業」が実施されています。地域の実情に応じて柔軟に運用できることになっているので，具体的な内容は地域によって異なります。

●特定相談支援事業所

基本相談支援に加えて，福祉サービスを利用したいときに相談ができ，必要な福祉サービスがあれば，サービス等利用計画作成等の支援をしてくれます。

●一般相談支援事業所

基本相談支援に加えて，施設や精神科病院などに入所または入院している障害のある人が地域で生活できるようにするための相談や，地域で生活を続けるための相談ができます。

●基幹相談支援センター

地域における相談支援サービスのなかの中心的な役割です。地域の相談支援事業者に専門的な指導や助言，関係機関とのネットワークの構築等を行います。設置されている市区町村は39％で，個別の相談が行われていないところもあります。

●委託相談支援事業所

障害のある人の総合相談窓口です。多岐にわたるさまざまな生活上の悩みを相談することができ，障害福祉サービスの利用のための情報提供や支援を受けられます。相談支援専門員等の専門職が対応し，住み慣れた地域のくらしを支援するためのサービスや生活福祉に関する相談を行っています。市区町村によって支援内容が異なる部分があり，相談支援事業所ごとにサービス内容が異なります。市区町村の障害福祉担当課等で事業所を教えてくれます。

COLUMN

　ある男性から「ホームヘルプサービスを利用したい」との相談がありました。奥様が2級の障害基礎年金の受給中で自宅療養されています。日中は家族が家にいないため，その間利用できるサービスがあれば利用したいとのことでした。まずは市区町村の障害福祉担当課に相談するようアドバイスしました。

第5章　仕事と生活の安定のための制度

➢ 専門的な相談窓口

●発達障害者支援センター

　発達障害者支援センターは，発達障害がある人への支援を総合的に行うことを目的とした専門的機関であり，全国各地にあります。地域のなかで関係機関と連携しながら必要な支援を行っています。市区町村の相談窓口，地域の発達障害者支援センターにて相談ができます。

●高次脳機能障害支援センター

　高次脳機能障害に関する専門的な支援を総合的に行っているのが高次脳機能障害支援センターであり，全国各地にあります。高次脳機能障害は，脳出血や脳梗塞，事故による頭部外傷などによって脳に損傷を受けたときの後遺症の1つです。高次脳機能障害支援センターは，医療，福祉，行政機関などと連携しながら，さまざまな相談に対応しています。各都道府県のセンターにて相談ができます。

●身体障害者更生相談所

　身体障害者更生相談所は，身体に障害のある人を対象に，専門的な知識や技術を必要とする相談業務や判定業務などを行う機関です。障害程度の判定，身体障害者手帳の交付，補装具の判定，各種手当の認定などのほか，市区町村からの相談対応や地域のサービス提供機関などへの情報提供，指導，研修支援，関係機関の調整などを行っています。名称は地域によって異なることがあります。市区町村の相談窓口，地域の身体障害者更生相談所にて相談ができます。

●知的障害者更生相談所

　知的障害のある人を対象に，専門的な知識や技術を必要とする相談業務や判定業務などを行う機関です。18歳以上の人の障害の認定，障害程度の判定，療育手帳の交付，各種手当の認定などのほか，市区町村からの相談対応や地域のサービス提供機関などへの情報提供，指導，研修支援，関係機関の調整などを行っています。名称は地域によって異なることがあります。市区町村の相談窓口，地域の知的障害者更生相談所にて相談ができます。

2　障害福祉サービスの対象者

障害福祉サービスはどんな人が利用できるの？

> 障害福祉サービスの対象は，身体に障害のある人，知的障害のある人，精神障害（発達障害を含みます）のある人，難病等で一定の障害のある人です。

➢ 障害福祉サービスとは

　サービスには，障害のある人それぞれの障害程度や社会活動や介護者，居住等の状況などを踏まえ，個別に支給決定が行われる「障害福祉サービス」と，市区町村が柔軟に実施する「地域生活支援事業」などがあります。

　「障害福祉サービス」は，介護の支援を受ける「介護給付」と，訓練等の支援を受ける「訓練等給付」に大別されます。

➢ 障害福祉サービスを利用できる人

　対象者は，具体的には下記の人です。障害者手帳を持っている人だけでなく，支援を必要とする程度によって利用できるか否かが決まります。

身体障害者	身体障害者手帳を持っている人
知的障害者	療育手帳を持っている人，知的障害のある人
精神障害者	精神障害者保健福祉手帳を持っている人，精神障害のある人
指定難病患者	特定疾患医療受給者証を持っている人，厚生労働省の定める指定難病の人

　知的障害や精神障害のある人については，障害者手帳を持っていなくても，他の書類等によって障害があると判断されれば利用できます。発達障害のある人も障害者の範囲に含まれます。

3　障害福祉サービス（訓練等給付）の種類

訓練等給付にはどんなものがあるの？

就労移行支援や就労継続支援など，さまざまなものがあります。

➢ 訓練等給付の対象と内容

	対　象		内　　容	障害支援区分	
				区分	別途定められた要件
自立生活援助	身体 知的 精神 難病		一人暮らしに必要な理解力・生活力等を補うため，定期的な居宅訪問等により必要な支援を行う	－	－
共同生活援助（グループホーム）	身体 知的 精神 難病		夜間や休日，共同生活を行う住居で，相談，入浴，排せつ，食事の介護，日常生活上の援助を行う	－	
自立訓練（機能訓練）	身体 知的 精神 難病		自立した日常生活または社会生活ができるよう，一定期間，身体機能の維持，向上のために必要な訓練を行う	－	－
自立訓練（生活訓練）	身体 知的 精神 難病		自立した日常生活または社会生活ができるよう，一定期間，生活能力の維持，向上のために必要な訓練を行う	－	－
就労移行支援	身体 知的 精神 難病		一般企業等への就労を希望する人に，一定期間，就労に必要な知識および能力の向上のために必要な訓練を行う	－	65歳以降の制限がある場合あり
就労継続支援（A型）	身体 知的 精神 難病		一般企業等での就労が困難な人を雇用して就労の機会を提供するとともに，能力等の向上のために必要な訓練を行う	－	65歳以降の制限がある場合あり
就労継続支援（B型）	身体 知的 精神 難病		一般企業等での就労が困難な人に，就労の機会を提供するとともに，能力等の向上のために必要な訓練を行う	－	－
就労定着支援	身体 知的 精神 難病		一般就労に移行した人に，就労に伴う生活面の課題に対応するための支援を行う	－	－

身体 身体障害者　知的 知的障害者　精神 精神障害者　難病 難病患者等

　たとえば，就労継続支援（B型）は，訓練と同時に日中の居場所として利用している人もいます。

4　障害福祉サービス（介護給付）の種類

介護給付にはどんなものがあるの？

介護給付には，居宅介護（ホームヘルプ）などがあります。

➢ 介護給付の対象と内容

	対象	内容	障害支援区分 区分	障害支援区分 別途定められた要件
居宅介護（ホームヘルプ）	身体 知的 精神 難病	食事，入浴，排泄などの身体介護を，障害者の居宅に出向いて提供するサービス	1以上	
重度訪問介護	身体 知的 精神 難病	重度の障害があり常時介護が必要な人に対して総合的，継続的に提供される長時間・滞在型のサービス	4以上	
行動援護	知的 精神 難病	行動に著しい困難がある障害者に対して行われる，安全で安定した日中活動を支援する外出中心サービス	3以上	
同行援護	身体 難病	視覚障害により移動に著しい困難がある人の外出時に同行し，移動に必要な情報の提供，移動の援護等の外出支援のサービス	-	身体介護を伴う場合は区分2以上
重度障害者等包括支援	身体 知的 精神 難病	重度の障害があり常時介護が必要な人に対して総合的にマネジメントして提供される複数のサービス	6以上	
短期入所（ショートステイ）	身体 知的 精神 難病	介護者の病気や介護疲れ等何らかの理由で介護が難しくなったときに施設や病院を短期間利用できるサービス	1以上	
療養介護	身体 知的 難病	長期間医療ケアが必要な重度障害者に対して行われる，日中の機能訓練や介護，日常生活上のサービス	5以上	気管切開を伴う人工呼吸器による呼吸管理を行っているALS患者，筋ジストロフィー患者，重症心身障害者
生活介護	身体 知的 精神 難病	継続した介護が必要な障害者に対して行われる，昼間の食事や入浴などの介護，創作活動等日中活動支援サービス	3以上	50歳以上は区分2以上
施設入所支援	身体 知的 精神 難病	施設に入所する人に対して行われる，夜間や休日の入浴，排泄，食事の介護等を提供するサービス	4以上	50歳以上は区分3以上

身体 身体障害者　　知的 知的障害者　　精神 精神障害者　　難病 難病患者等

※　障害者支援区分については180頁参照。

5　障害福祉サービスの申請方法

どのような手順でサービスが利用できるの？

市区町村の障害福祉担当課で申請をします。

➤ 障害福祉サービスを利用したいとき

下記のような手順で進みます。支給決定まで２カ月くらいかかります。

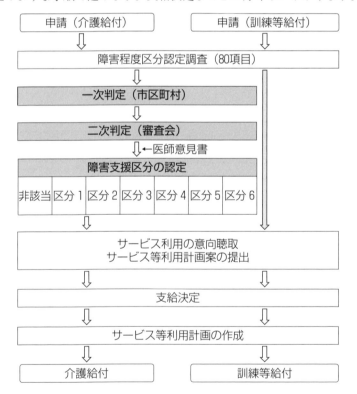

◆説明用資料29　障害福祉サービスの申請方法

障害福祉サービス　申請から利用までの流れ

1．相談と申請をする（市区町村の担当窓口など）
困っている状況の聞き取り，サービスの説明などが行われます。申請すると「サービス等利用計画案提出依頼書」が交付されます。

2．サービス等利用計画案の作成を依頼する
相談支援事業所に連絡をします。担当者（相談支援専門員）に「サービス等利用計画案提出依頼書」を渡し，希望を伝えます。

3．訪問調査を受ける
市区町村の認定調査員が自宅等を訪れます。
本人や介護者の状況の調査を受けます。

4．区分認定通知が届く
審査を経て市区町村から「区分認定通知」が送られてきます。
その結果を相談支援事業所の担当者に連絡します。

5．サービス等利用計画案を確認する
相談支援事業所の担当者がサービス等利用計画案を作成してくれるので，その内容を確認します。

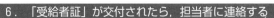
6．「受給者証」が交付されたら，担当者に連絡する
市区町村が支給の決定を認めたときは「受給者証」が交付されます。
相談支援事業所の担当者に連絡します。

7．サービス等利用計画を確認する
相談支援事業所の担当者は，会議等を経て，サービス利用計画を作成してくれます。その内容を確認します。

8．サービスの利用が開始される
相談支援事業所の担当者が準備を整えてくれます。
サービス提供事業者と契約を締結しサービスを利用します。

障害があることにより，たとえば「ホームヘルプサービスが利用したい」などと考えているのであれば，まずは，市区町村の障害福祉担当窓口に相談してください。

第5章　仕事と生活の安定のための制度

6　障害支援区分の認定方法

障害支援区分はどのようにして決まるの？

　介護給付を利用するには，障害支援区分の認定を受けている必要があります。障害支援区分により，受けられるサービスが決まります。

➤ 障害支援区分とは

　障害支援区分とは，必要とされる標準的な支援の度合いを総合的に示すもので，その区分によって受けられるサービスが限定されます。

➤ 障害支援区分の認定の手続

　認定調査員による訪問調査の結果と主治医の意見書をもとに一次判定（コンピュータ判定）が行われます。その結果を受けて認定調査員による特記事項や主治医の意見書を踏まえた市区町村審査会による二次判定を経て，障害支援区分が決定します（178頁参照）。

➤ 認定調査員による訪問調査

　訪問調査では，本人・家族・介護者の状況，日中活動の状況，居住関連などに関する調査が行われます。障害者の心身の状況を把握するための80項目の調査（次頁参照）です。以下のように項目が分かれています。

- 移動や動作等に関連する項目（12項目）
- 身の回りの世話や日常生活等に関連する項目（16項目）
- 意思疎通等に関連する項目（6項目）
- 行動障害に関連する項目（34項目）
- 特別な医療に関連する項目（12項目）

　障害福祉サービス（介護給付）を受けるには障害支援区分の認定を受けることが必要

説明用資料30　障害福祉サービスの認定調査項目と障害支援区分

障害福祉サービスの認定調査項目と障害支援区分

障害支援区分を認定するための認定調査項目（80項目）は下記のとおりです

1．移動や動作等に関連する項目（12項目）

1－1 寝返り	1－2 起き上がり	1－3 座位保持
1－4 移乗	1－5 立ち上がり	1－6 両足での立位保持
1－7 片足での立位保持	1－8 歩行	1－9 移動
1－10 衣服の着脱	1－11 じょくそう	1－12 えん下

2．身の回りの世話や日常生活等に関連する項目（16項目）

2－1 食事	2－2 口腔清潔	2－3 入浴　2－4 排尿
2－5 排便	2－6 健康・栄養管理	2－7 薬の管理
2－8 金銭の管理	2－9 電話等の利用	2－10 日常の意思決定
2－11 危機の認識	2－12 調理	2－13 掃除
2－14 洗濯	2－15 買い物	2－16 交通手段の利用

3．意思疎通等に関連する項目（6項目）

| 3－1 視力 | 3－2 聴力 | 3－3 コミュニケーション |
| 3－4 説明の理解 | 3－5 読み書き | 3－6 感覚過敏・感覚鈍麻 |

4．行動障害に関連する項目（34項目）

4－1 被害的・拒否的	4－2 作話	4－3 感情が不安定
4－4 昼夜逆転	4－5 暴言暴行	4－6 同じ話をする
4－7 大声・奇声を出す	4－8 支援の拒否	4－9 徘徊
4－10 落ち着きがない	4－11 外出して戻れない	4－12 1人で出たがる
4－13 収集癖	4－14 物や衣類を壊す	4－15 不潔行為
4－16 異食行動	4－17 ひどい物忘れ	4－18 こだわり
4－19 多動・行動停止	4－20 不安定な行動	4－21 自らを傷つける行為
4－22 他人を傷つける行為	4－23 不適切な行為	4－24 突発的な行動
4－25 過食・反すう等	4－26 そう鬱状態	4－27 反復的行動
4－28 対人面の不安緊張	4－29 意欲が乏しい	4－30 話がまとまらない
4－31 集中力が続かない	4－32 自己の過大評価	4－33 集団への不適応
4－34 多飲水・過飲水		

5．特別な医療に関連する項目（12項目）

5－1 点滴の管理	5－2 中心静脈栄養	5－3 透析
5－4 ストーマの処置	5－5 酸素療法	5－6 レスピレーター
5－7 気管切開の処置	5－8 疼痛の看護	5－9 経管栄養
5－10 モニター測定	5－11 じょくそうの処置	5－12 カテーテル

⬇ 判定を経て障害支援区分が認定される

低い　　　　　必要とされる支援の度合い　　　　　高い

←―――――――――――――――――――――→

| 非該当 | 区分1 | 区分2 | 区分3 | 区分4 | 区分5 | 区分6 |

第5章　仕事と生活の安定のための制度

7　障害福祉サービスの利用者負担

利用料金はどのくらいかかるの？

1割負担が原則です。世帯によっては自己負担がゼロのときもあります。

➢ 基本は1割負担

　障害福祉サービスを利用するとき，原則として費用の1割を負担します。たとえば，1時間で1,000円のサービスを10回利用したときは，事業者への報酬額は10,000円ですが，利用者の負担は1,000円です。

➢ 自己負担額の上限がある

　世帯の収入状況等に応じて，月ごとの自己負担額の上限もあります。限度額以上の負担は生じませんが食材費等はかかります。

●世帯の区分

　自己負担額の上限は下記の表の4つに区分されています。

		世帯の収入状況	負担上限月額
①	生活保護	生活保護受給世帯	0円
②	低所得（※1）	市町村民税非課税世帯	0円
③	一般1（※2）	市町村民税課税世帯	9,300円
④	一般2（※3）	上記以外	37,200円

（※1）　3人世帯で障害基礎年金1級受給の場合，収入がおおむね300万円以下の世帯が対象。
（※2）　収入がおおむね600万円以下の世帯が対象。
（※3）　入所施設利用者（20歳以上），グループホーム利用者は，市町村民税課税世帯の場合，「一般2」となります。

●世帯の範囲

　所得を判断する際の世帯の範囲は，18歳以上の障害者は障害者本人とその配偶者，18歳未満の障害児は保護者の属する住民基本台帳の世帯です。

8　利用者負担の減免

利用料金が安くなる方法はあるの？

障害福祉サービスには，いくつかの利用料金の軽減制度があります。

➢ 医療型入所施設や療養介護利用時の減免

療養介護を利用する人は，従前の福祉部分定率負担相当額と医療費，食事療養費を合算した上限額が適用されます。施設に入所している20歳以上の低所得の人は，少なくとも25,000円が手元に残るように利用者負担額が減免されます。

➢ 高額障害福祉サービス

同じ世帯の複数の人が，障害福祉サービスや補装具を利用する場合には，世帯全体金額に対して，利用者負担の上限が適用されます。1カ月の自己負担額の合計が世帯の基準額を超えたときは，申請により「高額障害福祉サービス費」として超過分が支給されます。

また，障害福祉サービスと介護保険サービスを利用した場合で，かかった費用の合計額が限度額を超えるときにも，申請により「高額障害福祉サービス費」として超過分が支給されます。基準額は，世帯の収入や利用しているサービスによって異なります。

➢ 食費・光熱水費の減免

20歳以上の入所施設利用者で低所得等の場合，一定額が手元に残るように，入所施設の食費・光熱水費の負担軽減があります。

通所施設利用者等で低所得等の場合は，食材料費のみの負担になるよう食費負担の軽減があります。

➢ 家賃の補足給付

グループホームの利用者（生活保護または低所得の世帯）に対して，家賃の補足給付として月額1万円を上限に補足給付が行われます。

Ⅴ　介護保険サービスを活用する

本人や家族に介護が必要になったとき，介護保険制度を利用することができます。しかし，利用できることに気づいていない人は多いです。

1　介護保険等の相談窓口

介護保険サービスについて相談するところは？

介護について相談できるところを紹介するだけでも大きなサポートです。介護の相談に対応してくれる相談機関，窓口があります。

➢ 介護の相談をする

●市区町村の介護保険担当課

市区町村の介護保険担当課は，一番身近で相談しやすいところかもしれません。必要に応じて，地域包括支援センター等を紹介してくれます。

●地域包括支援センター

地域包括支援センターは，高齢者を支えるために，市区町村が行う総合相談窓口です。専門知識を持った職員がさまざまな相談に応じており，介護保険の申請窓口も担っています。支援対象が親であるときは，親が住んでいる地域の地域包括支援センターが相談窓口です。

●居宅介護支援事業所

要介護認定を受けた人が自宅で介護サービスなどを利用しながら生活できるよう支援する事業所です。介護支援専門員（ケアマネジャー）が本人や家族の希望等に沿って，居宅サービス計画（ケアプラン）を作成し，サービスなどを提供する事業所との連絡や調整，申請の代行などを行っています。

2　介護保険サービスの対象者

介護保険はどんな人が利用できるの？

　介護保険の被保険者は，第1号被保険者と第2号被保険者に分けられます。

➢ 介護保険サービスを利用できる人

　介護保険の被保険者は，65歳以上の人（第1号被保険者）と，40歳から64歳までの医療保険加入者（第2号被保険者）に分けられます。第1号被保険者は，原因を問わずに要介護認定または要支援認定を受けたときに介護保険サービスを受けることができます。第2号被保険者は，加齢に伴う疾病（特定疾病）が原因で要介護（要支援）認定を受けたときに利用できます。障害福祉サービスを利用できるときは，原則として介護保険サービスが優先されます。

【介護保険の対象者】

	第1号被保険者	第2号被保険者
対象者	65歳以上	40歳以上65歳未満の医療保険加入者
受給要件	・要介護状態 ・要支援状態	・要介護（要支援）状態が，特定疾病による場合に限定

【特定疾病】

1	がん末期（進行性で治療困難）	6	初老期における認知症	11	早老症
2	関節リウマチ	7	骨折を伴う骨粗鬆症	12	多系統萎縮症
3	筋萎縮性側索硬化症	8	脊髄小脳変性症	13	脳血管疾患
4	後縦靱帯骨化症	9	脊柱管狭窄症	14	閉塞性動脈硬化症
5	進行性核上性麻痺，大脳皮質基底核変性症およびパーキンソン病	10	糖尿病性神経障害，糖尿病性腎症および糖尿病性網膜症	15	慢性閉塞性肺疾患
				16	両側の膝関節または股関節に著しい変形を伴う変形性関節症

3　介護保険サービスの種類

介護保険サービスにはどんなものがあるの？

　介護保険サービスには，介護給付と予防給付等があります。利用するには，要支援・要介護認定を受ける必要があります。

➢ 介護保険サービスの内容

　介護保険を利用すると，どのようなサービスが受けられるのでしょうか。さまざまな種類がありますが，大きく分けると下記のとおりです。

- 介護保険サービスの利用に係る相談，ケアプランの作成
- 自宅で受けられる家事援助等のサービス
- 施設などに出かけて日帰りで行うサービス
- 施設などで生活（宿泊）しながら長期間または短期間受けられるサービス
- 訪問・通い・宿泊を組み合わせて受けられるサービス
- 福祉用具の利用に係るサービス

　具体的な内容は，次頁の表にまとめてあります。

➢ 介護給付と予防給付

　介護保険サービスは，介護給付と予防給付，総合事業に分類できます。「介護給付」は要介護認定（要介護1〜要介護5）を受けたとき，「予防給付」は要支援認定（要支援1および要支援2）を受けたときに利用できます。「総合事業」は要支援認定を受けたとき，要介護申請をしていない人およびすべての高齢者が対象です。

　介護や支援が必要な状態にもかかわらず，介護保険サービスを利用していない人がいたら，認定申請をするようにアドバイスを行います。認定を受けていない人，利用できるサービスがあることを知らない人は多いです。

◆説明用資料31　介護保険サービスの内容

介護保険サービスの内容

介護サービス		要支援1・2	要介護1-5	内容
自宅に訪問	訪問介護（ホームヘルプ）	×	●	ホームヘルパーが利用者の自宅を訪問して，身体介護や家事などの援助や，通院等のための移動の介助を行うサービス
	訪問入浴	●	●	自宅に専用の簡易浴槽を持ち込んで行う入浴のサービス
	訪問看護	●	●	看護師等が訪問して，病状の観察，診察の補助，療養上の支援，機能訓練等を行うサービス
	訪問リハビリ	●	●	理学療法士・作業療法士・言語聴覚士が訪問し，リハビリテーションを行うサービス
	夜間対応型訪問介護	×	●	夜間帯にホームヘルパーが利用者の自宅を訪問するサービスで，「定期巡回」と「随時対応」がある
	定期巡回・随時対応型訪問介護看護	×	●	訪問介護や訪問看護を定期巡回，または必要な時に行うサービス
訪問・通い・宿泊	小規模多機能型居宅介護	●	●	1つの事業所で通いを中心に，泊りや訪問サービスを利用者の状態や希望に応じて組み合わせて行うサービス
	看護小規模多機能型居宅介護（複合型サービス）	×	●	短期間の「宿泊」や利用者の自宅への「訪問（介護）」に加えて，看護師などによる「訪問（看護）」も組み合わせる介護と看護の一体的なサービス
	介護老人福祉施設（特別養護老人ホーム）	×	▲	常に介護が必要な方の入所を受け入れ，入浴や食事などの日常生活上の支援や，機能訓練，療養上の世話などを提供するサービス。新たに入所する要介護1・2は原則不可。
	介護老人保健施設（老健）	×	●	入所者に対して，リハビリテーションや必要な医療，介護などを提供するサービス。
	介護療養型医療施設	×	●	長期にわたって療養が必要な方の入所を受け入れ，機能訓練や必要な医療，介護などを提供するサービス
	特定施設入居者生活介護（有料老人ホーム，軽費老人ホーム等）	●	●	指定を受けた有料老人ホームや軽費老人ホームなどが，食事や入浴などの日常生活上の支援や，機能訓練などを提供するサービス
	介護医療院	×	●	療養上の管理，看護，介護，機能訓練，その他必要な医療と日常生活に必要なサービス
地域密着型サービス：地域に密着した小規模な施設等	認知症対応型共同生活介護（グループホーム）	▲	●	認知症の利用者が，グループホームに入所して受ける，食事や入浴などの日常生活上の支援や，機能訓練などのサービス▲要支援1の人は利用不可
	地域密着型介護老人福祉施設入所者生活介護	×	▲	常に介護が必要な方の入所を受け入れ，入浴や食事などの日常生活上の支援や，機能訓練，療養上の世話などを提供するサービス▲新たに入所する要介護1・2は原則不可
	地域密着型特定施設入居者生活介護	×	●	指定を受けた入居定員30人未満の有料老人ホームや軽費老人ホームなどが，食事や入浴などの日常生活上の支援や，機能訓練などを提供するサービス
福祉用具を使う	福祉用具貸与	▲	▲	車椅子，ベッド等の福祉用具のレンタルを行うサービス▲利用内容は要介護度に応じて異なる
	特定福祉用具販売	▲	▲	入浴や排泄に用いる，貸与になじまない福祉用具を販売するサービス▲利用内容は要介護度に応じて異なる
施設に通う	通所介護（デイサービス）	×	●	通所介護事業所に通って，入浴，食事，介護，機能訓練，レクリエーション等を行うサービス
	通所リハビリ	●	●	病院等に通って，心身機能の維持・回復のためにリハビリテーションを行うサービス
	地域密着型通所介護	×	●	食事や入浴などの日常生活上の支援や，生活機能向上のための機能訓練や口腔機能向上サービスなどを日帰りで提供するサービスで，自宅から施設までの送迎も行う
	療養通所介護	×	●	常に看護師による観察を必要とする難病，認知症，脳血管疾患後遺症等の重度要介護者またはがん末期患者を対象にしたサービス
	認知症対応型通所介護	●	●	認知症の利用者を対象とした通所介護のサービス
短期間の宿泊	短期入所生活介護（ショートステイ）	●	●	特別養護老人ホーム等に短期間入所して，入浴，排泄，食事等の生活上の世話や機能訓練を行うサービス
	短期入所療養介護	●	●	主に医療的な依存度が高く介護や機能訓練が必要な人を対象に，介護老人保健施設，病院（療養病床）等に短期間入所し，介護，機能訓練，日常生活上の世話を行うサービス

● 利用できる　　▲一部制限あり　　× 利用できない

厚生労働省資料「公表されている介護サービスについて」参照

4 介護保険サービス等の申請方法

介護保険サービスはどのように申請するの？

まずは要支援・要介護認定を受けることが必要です。

➢ 介護保険サービスを利用したいとき

　介護保険サービスを利用するには，要支援・要介護認定を受けることが必要です。まずは，市区町村の介護保険担当課の窓口で申請を行います。後日に認定調査員が自宅を訪問し，日常生活の状況や身体機能のチェックを行い，必要な介護の程度を調査します。30日以内に認定結果が送られ，利用できるサービスの種類や範囲が決まります。下記のような手順で進んでいきます。

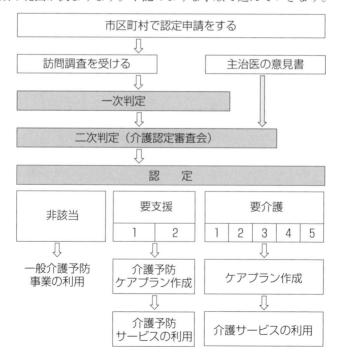

◆説明用資料32 介護保険サービスの申請方法

介護保険サービス 申請から利用までの流れ

 1．相談と申請をする（市区町村の担当課など）

まずは，市区町村の介護保険担当課に相談をしましょう。
そして，要支援・要介護認定の申請を行います。

 2．訪問調査を受ける

市区町村の認定調査員が自宅等を訪れます。
本人の状況などの聞き取り調査が行われます。

 3．主治医に意見書を書いてもらう

主治医の意見書が必要になります。

 4．認定結果が届く

30日以内に通知書が届きます。通知書には「要介護状態区分」や
「認定有効期間」などが記載されています。

  5．具体的に受ける介護サービスの相談をする

要支援1－2のときは地域包括支援センターに，要介護1以上の
ときは介護支援専門員（ケアマネジャー）に連絡をします。

 6．介護保険サービスを受ける計画を決める

介護予防プラン，ケアプランを作成してもらい確認します。

 7．サービスの利用が開始される

ケアマネジャー等からアドバイスを受け準備を整えます。サービ
ス提供事業者と契約を締結しサービスの利用を開始します。

 8．定期的な計画の見直し

定期的に計画の見直しを行います。

5　介護保険サービスの利用者負担

利用料金はどのくらいかかるの？

介護保険サービスを利用したときは，１割負担が原則です。

所得に応じて２割，３割の負担割合になる人もいます。

➤ 利用者負担の基本は１割負担

　介護保険サービスを利用するとき，費用の１割を負担します。所得によっては，２割や３割負担になる場合もあります。たとえば，65歳以上の１人暮らしをしている人の「年金収入とその他の合計所得額」が340万円以上ある場合には３割の自己負担額となり，280万円以上340万円未満の場合は２割負担です。なお，第２号被保険者（40歳以上65歳未満の人），市町村民税非課税の人，生活保護受給者は１割負担です。

➤ 介護保険負担割合証

　自己負担割合は「介護保険負担割合証」により確認できます。介護保険負担割合証は，要支援・要介護認定を受けた人に発行されます。

➤ 高額介護サービス費

　１カ月に支払った利用者負担の合計が負担限度額を超えたときは，超えた分が申請により「高額介護サービス費」として払い戻されます。高額介護サービスには，老人ホームなどの居住費や食費，差額ベッド代，生活費などを含むことはできません。また，在宅で介護サービスを受けている場合の福祉用具の購入費や住宅改修費なども高額介護サービス費の支給対象になりません。高額介護サービス費の申請窓口は市区町村の介護保険担当課です。

➤ 高額介護合算療養費

　高額療養費と高額介護サービス費の合算額による軽減制度が利用できます（24頁）。

【介護保険サービスの自己負担割合】

65歳以上1人暮らしのとき

本人の合計所得	年金収入とその他の合計所得額	自己負担割合
220万円以上	340万円以上	3割
	280万円以上340万円未満	2割
	280万円未満	1割
160万円以上220万円未満	280万円以上	2割
	280万円未満	1割
160万円未満		1割

65歳以上2人以上世帯のとき

本人の合計所得	年金収入とその他の合計所得額	自己負担割合
220万円以上	463万円以上	3割
	346万円以上463万円未満	2割
	346万円未満	1割
160万円以上220万円未満	346万円以上	2割
	346万円未満	1割
160万円未満		1割

【高額介護サービス費の負担限度額】

区　分	負担の上限額（月額）
課税所得690万円（年収約1,160万円）以上	140,100円（世帯）
課税所得380万円（年収約770万円）以上〜課税所得690万円（年収約1,160万円）未満	93,000円（世帯）
課税所得380万円（年収約770万円）未満	44,400円（世帯）
世帯の全員が市町村民税非課税	24,600円（世帯）
前年の公的年金等収入額とその他の合計所得金額の合計が年間80万円以下の人等	24,600円（世帯） 15,000円（個人）
生活保護等を受給している人等	15,000円（世帯）

6　介護保険負担限度額認定

施設代金が高いのですが軽減される制度はあるの？

介護保険施設を利用する際に利用代金が軽減される制度があります。

➤ 介護保険負担限度額認定とは

　介護保険負担限度額認定とは，ある要件を満たせば，介護保険施設を利用する際の住居費と食費を軽減できる制度です。「負担限度額認定証」により利用することができます。認定証の申請は市区町村の介護保険担当課で行います。

➤ 介護保険負担限度額認定の要件

　介護保険負担限度額認定を利用できるのは次の要件をすべて満たす人です。

①　本人およびその配偶者が住民税非課税であること

②　本人と住民票上，同一世帯にある人が住民税非課税であること

③　預貯金等合計額が，基準額以下であること

➤ 対象となる施設

施設サービス	特養（特別養護老人ホーム）
	老健（介護老人保健施設）
	介護医療院（介護療養型医療施設） 地域密着型介護老人福祉施設（地域密着型特養）
ショートステイ	（介護予防）短期入所生活介護
	（介護予防）短期入所療養介護

※　グループホーム，有料老人ホームなどは対象外。

➤ 利用者負担

　利用者負担が４段階に分かれており，段階別に住居費負担額・食費負担額が設定されています。

第6章

生活に困窮したときの制度

人生，何が起こるかわかりません。

病気やケガ，失業，会社の破綻など，貧困に陥る可能性は，誰にでもあります。社会保障の役割は，このようなリスクを軽減させることにあります。

生活に困ったら，まずは，これまでに確認してきたような社会保険等のセーフティネットを利用します。

それでも大変な状況なら，生活支援制度として，求職者支援制度と生活困窮者自立支援制度があります。

そして，最後の砦は生活保護制度です。

このように，生活支援のしくみは段階的に考えられています。

最終章は，生活保護制度を中心とした生活保障を取り上げています。
将来の年金のことも考え，国民年金保険料の免除についても取り上げました。

相談窓口を示すだけでも，大きなサポートになります。

Ⅰ　支援制度を活用する

生活に困窮したときの支援制度として，生活保護制度はよく知られているところですが，ほかにも支援制度があります。

1　生活に困窮したとき

生活に困窮しています。

生活に困窮したときの支援制度は3段階で構成されています。

➢ 生活保護制度とは

　最後の砦といわれる生活保護は，さまざまな事情により生活に困った人に対して，国がその責任において生活保障をする制度です。ゆえに，法に定める要件を満たす限り，国籍や困窮の理由にかかわらず，誰でも利用できるものです。しかし，生活に困っている人に生活保護の話をすると「生活保護のお世話にだけはなりたくない」といわれることが多いのが現状です。

　生活保護の不正受給について報道されることがありますが，現実には「漏給」の問題が深刻化しているといわれています。漏給とは，生活保護受給をすべき貧困状態にあるにもかかわらず受給をしていない状態です。その理由はいろいろあるようですが，一例として，生活保護を受給するとあたかも負の烙印を押されたかのような精神的負担を感じたり，生活保護を受給すると財産を全部手放さなくてはならない恐怖感を抱いたりすることがあるようです。

　自分の努力で何とかしようとすることも大切ですが，公的なセーフティネットが利用できる場合も少なくありません。

　まずは，生活保護に対する正しい理解を深めることが大切です。そして，サ

ポートを必要とする人に「利用できる制度」であることを伝えていくことで
す。また，生活保護以外の支援制度もあります。

> **3つのセーフティネット**

　日本の社会保障のセーフティネットは3段階で考えられています。1つ目は，
社会保険制度や労働保険制度です。医療保険，介護保険，公的年金，雇用保険，
労災保険があります。また，社会手当や社会福祉制度も含まれます。

　これらの制度を利用しても生活が困窮するときには，2つ目のセーフティ
ネットである「生活困窮者自立支援制度」があります。「求職者支援制度」も
ここに含まれると考えることができます。

　それでもなお，生活が維持できないときには，3つ目のセーフティネットで
ある「生活保護」があります。また，生活福祉資金貸付制度もあります。

● 3段階のセーフティネット

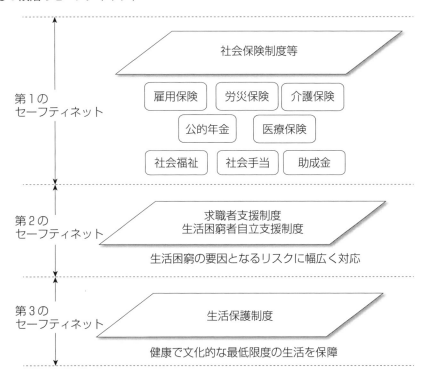

2　生活福祉資金貸付制度

生活するためのお金が足りません。

　生活福祉資金貸付制度は，低所得者や高齢者，障害者の生活を経済的に支えるための貸付制度です。総合支援資金，福祉資金，教育支援資金，不動産担保型生活資金の4種類があります。

➤ 総合支援資金とは

　生活福祉資金貸付制度のうち「総合支援資金」は失業や減収などにより生活が困窮している人に対して，生活費や一時的な資金の貸付けを行います。

　生活支援費は，生活費として原則3カ月間（最大12カ月間まで延長可能），月20万円（単身世帯の場合は月15万円）まで貸し付けるものです。また，住宅の賃貸契約を結ぶ資金を40万円まで貸し付けるもの（住宅入居費）や，就職活動や技能習得，家賃や公共料金などの滞納の一時立て替え，債務整理に必要な費用などを60万円まで貸し付けるもの（一時生活再建費）があります。その他の項目は次頁に記載しています。

➤ 貸付けの対象者

- 低所得世帯……必要な資金を他から借り受けることが困難な世帯（市町村民税非課税世帯程度）
- 障害者世帯……身体障害者手帳，療育手帳，精神障害者保健福祉手帳の交付を受けた者の属する世帯
- 高齢者世帯……65歳以上の高齢者の属する世帯

➤ 臨時特例つなぎ資金貸付制度

　住居のない離職者が利用できる「臨時特例つなぎ資金貸付制度」では，10万円までの借入れができます。

◆説明用資料33　生活福祉資金貸付制度

生活福祉資金貸付制度

➢ **制度の概要**
　一時的に生活資金などが必要な人を支援するための制度

➢ **利用できる人**
　低所得世帯，障害者世帯，高齢者世帯

➢ **生活福祉資金の種類**

資金の種類		資金の目的
総合支援資金	生活支援費	生活再建までの間に必要な生活費用
	住宅入居費	敷金，礼金など住宅の賃貸契約を結ぶために必要な費用
	一時生活再建費	生活を再建するために一時的に必要かつ日常生活費でまかなうことが困難である費用（就職・転職のための技能習得，債務整理をするために必要な費用など）
福祉資金	福祉費	生業を営むために必要な経費，病気療養に必要な経費，住宅の増改築や補修などに必要な経費，福祉用具などの購入経費，介護サービスや障害者サービスを受けるために必要な経費　など
	緊急小口資金	緊急かつ一時的に生計の維持が困難となった場合に貸し付ける少額の費用
教育支援資金	教育支援費	低所得者世帯の子どもが高校や高専，大学などに修学するために必要な経費
	就学支度費	低所得者世帯の子どもが高校や高専，大学などへ入学する際に必要な経費
不動産担保型生活資金	不動産担保型生活資金	低所得の高齢者世帯に対し，一定の居住用不動産を担保として生活資金を貸し付ける資金
	要保護世帯向け不動産担保型生活資金	要保護の高齢者世帯に対し，一定の居住用不動産を担保として生活資金を貸し付ける資金

➢ **総合支援資金とは**
　総合支援資金は，継続的な相談支援と生活費などの資金貸付けを行います。生活支援費は，原則3カ月間（最大12カ月間まで延長可能），月20万円（単身世帯は月15万円）までの貸付けです。

➢ **相談窓口**
　市区町村の社会福祉協議会

3　生活困窮者自立支援制度

経済的な問題で困っています。でも生活保護は
……。

　　生活保護利用のハードルは高くても，前段階である生活困窮者自立支援制度であれば利用しやすいかもしれません。第2のセーフティネットです。

➢ 生活困窮者自立支援制度で相談できること

　生活困窮者自立支援制度は2015年4月に創設された比較的新しい制度です。さまざまな事情で，経済的な困窮状態に陥っている人に対し，どのような支援が必要かなどの相談に応じています。必要であれば，生活保護につないでくれます。たとえば，次のような相談です。

- 「失業等により経済的な問題で生活に困っている」
- 「家族が引きこもっている」
- 「働くことに不安を抱えている」
- 「住むところを失った。または，失うおそれがある」
- 「DV被害に遭っている」

➢ 生活保護制度との違い

　生活保護制度は，生活に困窮する国民に対する最低限度の生活の保障と自立の助長を目的としたお金を給付する制度です。一方，生活困窮者自立支援制度は，生活困窮者が生活保護の受給に至らないように自立を支援する制度であり，現金給付でなく，経済的・社会的な自立に向けた相談支援の提供です。

➢ 相談窓口

　生活困窮者自立支援の相談窓口は，市区町村にある福祉事務所です。自治体によっては，福祉課や，社会福祉協議会が窓口になっている場合があります。

◆説明用資料34　生活困窮者自立支援制度

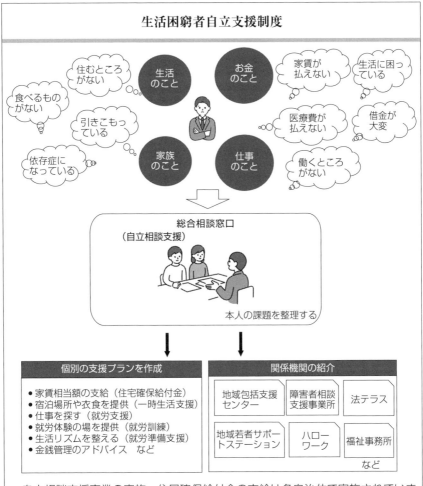

　自立相談支援事業の実施，住居確保給付金の支給は各自治体で実施されていま
す。その他の事業は地域の実情に応じて実施する任意事業とされています。

> 相談窓口
　市区町村の福祉事務所

第6章
生活に困窮した
ときの制度

4　求職者支援制度

経済的な問題で困っています。手に職をつけて就職したいです。

　失業の給付（基本手当等）を受けられない人が利用できる求職者支援制度があります。早期就職を目指すため，スキルアップのための職業訓練と職業訓練受講給付金（月10万円＋交通費）が受けられます。

➤ 求職者支援制度の対象者

　就職を目指す求職中の人のための職業訓練には2種類あります。基本手当を受給できる人は「公共職業訓練」であり，基本手当が受けられない人向けのものが「求職者支援訓練」です。求職者支援訓練を利用するには，ハローワークの所長から特定求職者と認定される必要があります。特定求職者とは，求職の申込みをしている人のうち，労働の意思と能力があり，職業訓練その他の支援措置を行う必要があると認められた人です。

　求職者支援制度では，①無料で職業訓練が受けられ，②月10万円の職業訓練受講給付金が受けられ，③ハローワークの就職支援が受けられます。

➤ 無料の職業訓練

　訓練には基礎コースと実践コースがあります。基礎コースは社会人としての能力と基礎的な技能を，実践コースは就職を希望する職種に合わせた専門的な技能を習得する訓練コースで，受講期間は2カ月から6カ月です。

➤ 月10万円の職業訓練受講給付金

　無料で訓練を受講しながら，下記の給付金を受けることができます。

- 職業訓練受講手当……月額10万円
- 通所手当……通所経路に応じた所定の額（上限あり）
- 寄宿手当……ハローワークが認めるとき

　給付金を受けるには次頁記載の7つの要件を満たしている必要があります。

◆説明用資料35　求職者支援制度

求職者支援制度

| 月10万円の給付金 | ＋ | 無料の職業訓練 | ＋ | 就職サポート |

　求職者支援制度は，再就職や転職を目指す求職者が，月10万円の給付金を受給しながら，無料の職業訓練を受講できる制度です。

➢ **利用できる人**

【給付金を受けて訓練を受講する人】

離職者	雇用保険の適用がなかった人
	自営業を廃業した人
	雇用保険の受給が終了した人
在職者	一定額以下の収入の人など

【給付金を受けずに訓練を受講する人】

離職者	親や配偶者と同居等，一定の世帯収入がある人
在職者	働いていて一定の収入がある人

➢ **月10万円の給付金の支給要件**

1．本人収入が月8万円以下
2．世帯全体の収入が月25万円（年300万円）以下
3．世帯全体の金融資産が300万円以下
4．住んでいるところ以外に土地・建物を所有していない
5．全訓練実施日に出席（やむを得ない理由でも8割以上）
6．同世帯に同時に給付金・訓練を受けている人がいない
7．過去3年以内に不正行為で特定の給付金を受けていない
※　特例措置により要件が緩和されることがあります。

➢ **訓練受講の要件**

• ハローワークに求職の申込みをしている
• 雇用保険被保険者や雇用保険受給資格者でない
• 労働の意思と能力がある

➢ **主な訓練コース**

基礎	ビジネスパソコン科，オフィスワーク科など
IT	WEBアプリ開発科，Android/JAVAプログラマー育成科など
営業・販売・事務	OA経理事務科，営業販売科など
医療事務	医療・介護事務科，調剤事務科など
介護福祉	介護職員実務者研修科，保育スタッフ養成科など
デザイン	広告・DTPクリエーター科，WEBデザイナー科など
その他	3次元CAD活用科，ネイリスト養成科など

➢ **相談窓口**　　ハローワーク

Ⅱ　生活保護制度を活用する

1　生活保護制度を利用できる人

生活保護ってどんな制度？

　生活保護制度は，生活に困窮する人に対し，その困窮の程度に応じて必要な保護を行い，健康で文化的な最低限度の生活を保障するとともに，自立を助長することを目的とするものです。

➤ 生活保護制度とは

　生活保護の基本原理には，原因は問わずに生活に困窮している経済状態だけに着目して生活保護が行われるとされており，生活に困っていると判断されれば，誰でも利用できます。しかし，いくつかの要件があり，なかでも，補足性の原理は，「利用し得る資産，能力その他あらゆるもの」を活用していてもなお最低限度の生活ができない状態にあることを要件としており，わかりにくい部分です。資産の活用については後述します（212頁）。

➤ 生活保護の利用の条件

　いろいろな要件はあるものの，生活保護のしくみはシンプルです。厚生労働省が定める「最低生活費」の基準額より世帯の収入が低ければ，その差額が生活保護費として支給されます。「最低生活費」は，住んでいる地域，世帯の構成，年齢，各世帯の個別事情（障害の有無等）によって決められています。詳しい金額は後述します（205頁）。

➤ 住所がない人の生活保護

　現住所がないホームレス状態であっても生活保護は受けられます（2003年7月31日通達）。直ちに居宅生活を送ることが困難な人には，保護施設や無料低

額宿泊所等において保護を行うなどの検討が行われます。

➤ 日本に住む外国人の生活保護

　生活保護の法律上の対象者は日本国民です。しかし，人道上，生活に困窮している日本に住む外国人に対して，日本国民に準じた保護が行われています。

➤ 世帯の収入が基準の額より低いこと

　収入とは，世帯全体の年金なども含むすべての収入です。たとえば，親の収入がなくても一緒に住んでいる子どもに収入があると受けられないことがあります。言い方を換えれば，働いていても世帯の収入が最低生活費以下であれば，足りない分を受けることができます。

【生活保護のしくみ】

世帯に収入があるとき

収入が最低生活費を下回るため不足分の保護費が受けられます。

世帯に収入がないとき

最低生活費

保護費

最低生活費が保護費の金額になります。

世帯の収入が最低生活費を上回るとき

最低生活費

収入が最低生活費を上回るときは，保護費は受けられません。

2　生活保護の給付の種類

生活保護にはどのような種類があるの？

生活保護には，8つの種類の扶助があります。

➤ 生活保護の種類

生活保護には8つの種類があり，世帯単位で計算されます。

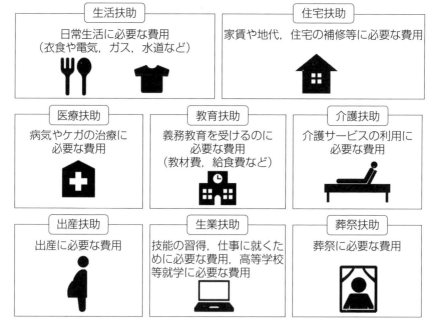

生活扶助	住宅扶助
日常生活に必要な費用 （衣食や電気，ガス，水道など）	家賃や地代，住宅の補修等に必要な費用

医療扶助	教育扶助	介護扶助
病気やケガの治療に必要な費用	義務教育を受けるのに必要な費用 （教材費，給食費など）	介護サービスの利用に必要な費用

出産扶助	生業扶助	葬祭扶助
出産に必要な費用	技能の習得，仕事に就くために必要な費用，高等学校等就学に必要な費用	葬祭に必要な費用

医療扶助と介護扶助は原則として，病院や事業者等に直接支払われます。

生活扶助には，食費，衣服費等の個人単位の経費，光熱費等世帯単位の経費のほか，妊産婦加算，母子加算，障害者加算，介護保険料加算，児童養育加算（高校生以下）などがあり，臨時に支払われる「一時扶助」もあります。

3　生活保護の金額の基準

> 必要な生活費はどのように決められ
> るの？

住んでいる地域，世帯の構成，年齢等によって決められます。

➤ 生活扶助と住宅扶助

　厚生労働省のデータによれば，利用数が多いのは，生活扶助，住宅扶助，医療扶助です。医療扶助は受けた医療の状況によって変わります。また，生活扶助と住宅扶助は，住んでいる地域，世帯の構成，年齢等によって決められるため，受給できる金額を試算するのは難しいです。

　しかし，おおよその金額が把握できなければ，生活保護が利用できる可能性があるのかすら判断できません。言い換えれば，生活扶助と住宅扶助の金額がおおよそ把握できれば，利用できる世帯の見当がつきやすくなります。

➤ 級地制度

　金額を把握するために知っておきたいのは，住んでいる地域によって基準が違うということです。これを「級地制度」といいます。級地制度の目的は，地域における生活様式や物価差による生活水準の差を生活保護費に反映させることです。

　級地は市町村単位（東京都23区は１つの地域）で区分されています。全国の市町村を１級地から３級地まで区分し，さらに２つの枝番（「○級地‐1，○級地‐2」で分けています。合計で６段階の区分で，最も高い等級が１等級‐1，最も低い等級が３等級‐2となります。

　具体的な金額は次頁に記載しています。級地とモデル世帯ごとの生活扶助と住宅扶助の金額です。対象地域の級地（207〜210頁）を参照ください。

4　生活保護の具体的な金額

具体的にいくら受けられるの？

　下表は，級地とモデル世帯ごとの生活扶助と住宅扶助の金額です。対象地域の級地（207～210頁）を参照してください。

➤ 最低生活保障水準の具体的事例（2021年4月現在）

3人世帯（夫婦子1人世帯）【33歳・29歳・4歳】

	1級地－1	1級地－2	2級地－1	2級地－2	3級地－1	3級地－2
生活扶助	158,760	153,890	149,130	149,130	142,760	139,630
住宅扶助（上限額）	69,800	44,000	56,000	46,000	42,000	42,000
合計	228,560	197,890	205,130	195,130	184,760	181,630

高齢者単身世帯【68歳】

	1級地－1	1級地－2	2級地－1	2級地－2	3級地－1	3級地－2
生活扶助	77,980	74,690	70,630	70,630	67,740	66,300
住宅扶助（上限額）	53,700	34,000	43,000	35,000	32,000	32,000
合計	131,680	108,690	113,630	105,630	99,740	98,300

高齢者夫婦世帯【68歳・65歳】

	1級地－1	1級地－2	2級地－1	2級地－2	3級地－1	3級地－2
生活扶助	121,480	117,450	113,750	113,750	108,810	106,350
住宅扶助（上限額）	64,000	41,000	52,000	42,000	38,000	38,000
合計	185,480	158,450	165,750	155,750	146,810	144,350

母子3人世帯【30歳・4歳・2歳】

	1級地－1	1級地－2	2級地－1	2級地－2	3級地－1	3級地－2
生活扶助	190,550	185,750	179,270	179,270	171,430	168,360
住宅扶助（上限額）	69,800	44,000	56,000	46,000	42,000	42,000
合計	260,350	229,750	235,270	225,270	213,430	210,360

参照：2021年4月27日厚生労働省社会・援護局保護課「生活保護制度の概要等について」

※　住宅扶助の額は，1級地－1（東京都区部），1級地－2（福山市），2級地－1（熊谷市），2級地－2（荒尾市），3級地－1（柳川市），3級地－2（さぬき市）とした場合の上限額の例。令和3年4月現在の生活保護基準により計算。児童養育加算，母子加算，冬季加算を含む。

【生活保護の級地区分】

北海道		音威子府村	3級地−1	塩竈市	2級地−2	古河市	2級地−2
札幌市	1級地−2	中川町	3級地−1	名取市	2級地−2	取手市	2級地−2
江別市	1級地−2	幕別町	3級地−1	多賀城市	2級地−2	石岡市	3級地−1
函館市	2級地−1	天塩町	3級地−1	石巻市	3級地−1	龍ヶ崎市	3級地−1
小樽市	2級地−1	幌延町	3級地−1	利府町	3級地−1	常陸太田市	3級地−1
旭川市	2級地−1	猿払村	3級地−1	気仙沼市	3級地−1	高萩市	3級地−1
室蘭市	2級地−1	浜頓別町	3級地−1	白石市	3級地−1	牛久市	3級地−1
釧路市	2級地−1	枝幸町	3級地−1	角田市	3級地−1	つくば市	3級地−1
帯広市	2級地−1	美幌町	3級地−1	岩沼市	3級地−1	ひたちなか市	3級地−1
苫小牧市	2級地−1	斜里町	3級地−1	大崎市	3級地−1	鹿嶋市	3級地−1
千歳市	2級地−1	清里町	3級地−1	富谷市	3級地−1	守谷市	3級地−1
恵庭市	2級地−1	遠軽町	3級地−1	大河原町	3級地−1	筑西市	3級地−1
北広島市	2級地−1	滝上町	3級地−1	柴田町	3級地−1	東海村	3級地−1
夕張市	2級地−2	興部町	3級地−1	七ヶ浜町	3級地−1	美浦村	3級地−1
岩見沢市	2級地−2	西興部村	3級地−1	**秋田県**		利根町	3級地−1
登別市	2級地−2	雄武町	3級地−1	秋田市	2級地−1	**栃木県**	
北見市	3級地−1	日高町	3級地−1	能代市	3級地−1	宇都宮市	2級地−1
網走市	3級地−1	浦河町	3級地−1	横手市	3級地−1	足利市	2級地−2
留萌市	3級地−1	音更町	3級地−1	大館市	3級地−1	栃木市	3級地−1
稚内市	3級地−1	芽室町	3級地−1	男鹿市	3級地−1	佐野市	3級地−1
美唄市	3級地−1	中札内村	3級地−1	湯沢市	3級地−1	鹿沼市	3級地−1
芦別市	3級地−1	陸別町	3級地−1	鹿角市	3級地−1	日光市	3級地−1
赤平市	3級地−1	釧路町	3級地−1	由利本荘市	3級地−1	小山市	3級地−1
紋別市	3級地−1	弟子屈町	3級地−1	大仙市	3級地−1	真岡市	3級地−1
士別市	3級地−1	中標津町	3級地−1	**山形県**		大田原市	3級地−1
名寄市	3級地−1	標津町	3級地−1	山形市	2級地−1	矢板市	3級地−1
三笠市	3級地−1	羅臼町	3級地−1	米沢市	3級地−1	那須塩原市	3級地−1
根室市	3級地−1	新ひだか町	3級地−1	鶴岡市	3級地−1	下野市	3級地−1
滝川市	3級地−1	**青森県**		酒田市	3級地−1	上三川町	3級地−1
砂川市	3級地−1	青森市	3級地−1	新庄市	3級地−1	壬生町	3級地−1
歌志内市	3級地−1	弘前市	3級地−1	寒河江市	3級地−1	**群馬県**	
深川市	3級地−1	八戸市	3級地−1	上山市	3級地−1	前橋市	2級地−1
富良野市	3級地−1	黒石市	3級地−1	村山市	3級地−1	高崎市	2級地−1
伊達市	3級地−1	五所川原市	3級地−1	長井市	3級地−1	桐生市	2級地−1
石狩市	3級地−1	十和田市	3級地−1	天童市	3級地−1	伊勢崎市	3級地−1
北斗市	3級地−1	三沢市	3級地−1	東根市	3級地−1	太田市	3級地−1
七飯町	3級地−1	むつ市	3級地−1	尾花沢市	3級地−1	沼田市	3級地−1
長万部町	3級地−1	**岩手県**		南陽市	3級地−1	館林市	3級地−1
江差町	3級地−1	盛岡市	2級地−1	**福島県**		渋川市	3級地−1
京極町	3級地−1	宮古市	3級地−1	福島市	2級地−1	藤岡市	3級地−1
倶知安町	3級地−1	大船渡市	3級地−1	会津若松市	3級地−1	富岡市	3級地−1
岩内町	3級地−1	花巻市	3級地−1	郡山市	3級地−1	安中市	3級地−1
余市町	3級地−1	北上市	3級地−1	いわき市	3級地−1	草津町	3級地−1
奈井江町	3級地−1	久慈市	3級地−1	白河市	3級地−1	みなかみ町	3級地−1
上砂川町	3級地−1	遠野市	3級地−1	須賀川市	3級地−1	大泉町	3級地−1
南富良野町	3級地−1	一関市	3級地−1	喜多方市	3級地−1	**埼玉県**	
鷹栖町	3級地−1	陸前高田市	3級地−1	相馬市	3級地−1	川口市	1級地−1
東神楽町	3級地−1	釜石市	3級地−1	二本松市	3級地−1	さいたま市	1級地−1
上川町	3級地−1	二戸市	3級地−1	南相馬市	3級地−1	所沢市	1級地−2
東川町	3級地−1	奥州市	3級地−1	**茨城県**		蕨市	1級地−2
新得町	3級地−1	滝沢市	3級地−1	水戸市	2級地−1	戸田市	1級地−2
占冠村	3級地−1	**宮城県**		日立市	2級地−2	朝霞市	1級地−2
安平町	3級地−1	仙台市	1級地−2	土浦市	2級地−2	和光市	1級地−2

新座市	1級地-2	木更津市	3級地-1	大和市	1級地-1	立山町	3級地-1
川越市	2級地-1	茂原市	3級地-1	葉山町	1級地-1	入善町	3級地-1
熊谷市	2級地-1	成田市	3級地-1	横須賀市	1級地-2	朝日町	3級地-1
春日部市	2級地-1	東金市	3級地-1	平塚市	1級地-2	**石川県**	
狭山市	2級地-1	旭市	3級地-1	小田原市	1級地-2	金沢市	2級地-1
上尾市	2級地-1	勝浦市	3級地-1	茅ヶ崎市	1級地-2	小松市	2級地-2
草加市	2級地-1	鴨川市	3級地-1	相模原市	1級地-2	七尾市	3級地-1
越谷市	2級地-1	君津市	3級地-1	三浦市	1級地-2	輪島市	3級地-1
入間市	2級地-1	富津市	3級地-1	秦野市	1級地-2	珠洲市	3級地-1
志木市	2級地-1	袖ヶ浦市	3級地-1	厚木市	1級地-2	加賀市	3級地-1
桶川市	2級地-1	白井市	3級地-1	座間市	1級地-2	羽咋市	3級地-1
八潮市	2級地-1	匝瑳市	3級地-1	伊勢原市	2級地-1	かほく市	3級地-1
富士見市	2級地-1	香取市	3級地-1	海老名市	2級地-1	白山市	3級地-1
三郷市	2級地-1	酒々井町	3級地-1	南足柄市	2級地-1	能美市	3級地-1
ふじみ野市	2級地-1	**東京都**		綾瀬市	2級地-1	川北町	3級地-1
三芳町	2級地-1	区のある地域	1級地-1	寒川町	2級地-1	津幡町	3級地-1
行田市	3級地-1	八王子市	1級地-1	大磯町	2級地-1	内灘町	3級地-1
秩父市	3級地-1	立川市	1級地-1	二宮町	2級地-1	野々市市	3級地-1
飯能市	3級地-1	武蔵野市	1級地-1	大井町	2級地-1	**福井県**	
加須市	3級地-1	三鷹市	1級地-1	松田町	2級地-1	福井市	2級地-1
本庄市	3級地-1	府中市	1級地-1	開成町	2級地-1	敦賀市	3級地-1
東松山市	3級地-1	昭島市	1級地-1	箱根町	2級地-1	小浜市	3級地-1
羽生市	3級地-1	調布市	1級地-1	真鶴町	2級地-1	大野市	3級地-1
鴻巣市	3級地-1	町田市	1級地-1	湯河原町	2級地-1	勝山市	3級地-1
深谷市	3級地-1	小金井市	1級地-1	中井町	3級地-1	鯖江市	3級地-1
久喜市	3級地-1	小平市	1級地-1	山北町	3級地-1	あわら市	3級地-1
北本市	3級地-1	日野市	1級地-1	愛川町	3級地-1	越前市	3級地-1
蓮田市	3級地-1	東村山市	1級地-1	清川村	3級地-1	坂井市	3級地-1
坂戸市	3級地-1	国分寺市	1級地-1	**新潟県**		永平寺町	3級地-1
幸手市	3級地-1	国立市	1級地-1	新潟市	2級地-1	南越前町	3級地-1
鶴ヶ島市	3級地-1	福生市	1級地-1	長岡市	2級地-2	越前町	3級地-1
日高市	3級地-1	狛江市	1級地-1	三条市	3級地-1	**山梨県**	
吉川市	3級地-1	東大和市	1級地-1	柏崎市	3級地-1	甲府市	2級地-1
白岡市	3級地-1	清瀬市	1級地-1	新発田市	3級地-1	富士吉田市	3級地-1
伊奈町	3級地-1	東久留米市	1級地-1	小千谷市	3級地-1	都留市	3級地-1
毛呂山町	3級地-1	多摩市	1級地-1	加茂市	3級地-1	山梨市	3級地-1
越生町	3級地-1	稲城市	1級地-1	十日町市	3級地-1	大月市	3級地-1
嵐山町	3級地-1	西東京市	1級地-1	見附市	3級地-1	韮崎市	3級地-1
小川町	3級地-1	青梅市	1級地-2	村上市	3級地-1	甲斐市	3級地-1
鳩山町	3級地-1	武蔵村山市	1級地-2	燕市	3級地-1	笛吹市	3級地-1
宮代町	3級地-1	羽村市	2級地-1	糸魚川市	3級地-1	上野原市	3級地-1
杉戸町	3級地-1	あきる野市	2級地-1	五泉市	3級地-1	甲州市	3級地-1
松伏町	3級地-1	瑞穂町	2級地-1	上越市	3級地-1	中央市	3級地-1
千葉県		日の出町	3級地-1	佐渡市	3級地-1	昭和町	3級地-1
千葉市	1級地-2	檜原村	3級地-1	魚沼市	3級地-1	**長野県**	
市川市	1級地-2	奥多摩町	3級地-1	妙高市	3級地-1	長野市	2級地-1
船橋市	1級地-2	大島町	3級地-1	湯沢町	3級地-1	松本市	2級地-1
松戸市	1級地-2	利島村	3級地-1	刈羽村	3級地-1	上田市	2級地-2
習志野市	1級地-2	新島村	3級地-1	**富山県**		岡谷市	2級地-2
浦安市	1級地-2	神津島村	3級地-1	富山市	2級地-1	諏訪市	2級地-2
野田市	2級地-1	三宅村	3級地-1	高岡市	3級地-1	飯田市	3級地-1
佐倉市	2級地-1	御蔵島村	3級地-1	魚津市	3級地-1	須坂市	3級地-1
柏市	2級地-1	八丈町	3級地-1	氷見市	3級地-1	小諸市	3級地-1
市原市	2級地-1	青ヶ島村	3級地-1	滑川市	3級地-1	伊那市	3級地-1
流山市	2級地-1	小笠原村	3級地-1	黒部市	3級地-1	駒ヶ根市	3級地-1
八千代市	2級地-1	**神奈川県**		砺波市	3級地-1	中野市	3級地-1
我孫子市	2級地-1	横浜市	1級地-1	小矢部市	3級地-1	大町市	3級地-1
鎌ヶ谷市	2級地-1	川崎市	1級地-1	南砺市	3級地-1	飯山市	3級地-1
四街道市	2級地-1	鎌倉市	1級地-1	射水市	3級地-1	茅野市	3級地-1
銚子市	3級地-1	藤沢市	1級地-1	舟橋村	3級地-1	塩尻市	3級地-1
館山市	3級地-1	逗子市	1級地-1	上市町	3級地-1	佐久市	3級地-1

千曲市	3級地－1
東御市	3級地－1
安曇野市	3級地－1
軽井沢町	3級地－1
下諏訪町	3級地－1
富士見町	3級地－1
辰野町	3級地－1
箕輪町	3級地－1
木曽町	3級地－1
坂城町	3級地－1
小布施町	3級地－1
岐阜県	
岐阜市	2級地－1
大垣市	2級地－2
多治見市	2級地－2
瑞浪市	2級地－2
土岐市	2級地－2
各務原市	2級地－2
高山市	3級地－1
関市	3級地－1
中津川市	3級地－1
美濃市	3級地－1
羽島市	3級地－1
恵那市	3級地－1
美濃加茂市	3級地－1
可児市	3級地－1
瑞穂市	3級地－1
岐南町	3級地－1
笠松町	3級地－1
北方町	3級地－1
静岡県	
静岡市	2級地－1
浜松市	2級地－1
沼津市	2級地－1
熱海市	2級地－1
伊東市	2級地－1
三島市	2級地－2
富士市	2級地－2
富士宮市	3級地－1
島田市	3級地－1
磐田市	3級地－1
焼津市	3級地－1
掛川市	3級地－1
藤枝市	3級地－1
御殿場市	3級地－1
袋井市	3級地－1
下田市	3級地－1
裾野市	3級地－1
湖西市	3級地－1
伊豆市	3級地－1
伊豆の国市	3級地－1
函南町	3級地－1
清水町	3級地－1
長泉町	3級地－1
小山町	3級地－1
愛知県	
名古屋市	1級地－1
豊橋市	2級地－1
岡崎市	2級地－1
一宮市	2級地－1
春日井市	2級地－1

刈谷市	2級地－1
豊田市	2級地－1
知立市	2級地－1
尾張旭市	2級地－1
日進市	2級地－1
瀬戸市	2級地－2
豊川市	2級地－2
安城市	2級地－2
東海市	2級地－2
大府市	2級地－2
岩倉市	2級地－2
豊明市	2級地－2
清須市	2級地－2
北名古屋市	2級地－2
半田市	3級地－1
津島市	3級地－1
碧南市	3級地－1
西尾市	3級地－1
蒲郡市	3級地－1
犬山市	3級地－1
常滑市	3級地－1
江南市	3級地－1
小牧市	3級地－1
稲沢市	3級地－1
新城市	3級地－1
知多市	3級地－1
高浜市	3級地－1
田原市	3級地－1
愛西市	3級地－1
弥富市	3級地－1
みよし市	3級地－1
あま市	3級地－1
東郷町	3級地－1
豊山町	3級地－1
大口町	3級地－1
扶桑町	3級地－1
大治町	3級地－1
蟹江町	3級地－1
飛島村	3級地－1
阿久比町	3級地－1
東浦町	3級地－1
南知多町	3級地－1
美浜町	3級地－1
武豊町	3級地－1
幸田町	3級地－1
設楽町	3級地－1
東栄町	3級地－1
長久手市	3級地－1
三重県	
津市	2級地－1
四日市市	2級地－1
松阪市	2級地－2
桑名市	2級地－2
伊勢市	3級地－1
鈴鹿市	3級地－1
名張市	3級地－1
尾鷲市	3級地－1
亀山市	3級地－1
鳥羽市	3級地－1
熊野市	3級地－1
志摩市	3級地－1

伊賀市	3級地－1
木曽岬町	3級地－1
東員町	3級地－1
菰野町	3級地－1
朝日町	3級地－1
川越町	3級地－1
滋賀県	
大津市	1級地－2
草津市	2級地－1
彦根市	3級地－1
長浜市	3級地－1
近江八幡市	3級地－1
守山市	3級地－1
栗東市	3級地－1
甲賀市	3級地－1
野洲市	3級地－1
湖南市	3級地－1
東近江市	3級地－1
京都府	
京都市	1級地－1
宇治市	1級地－2
向日市	1級地－2
長岡京市	1級地－2
城陽市	2級地－1
八幡市	2級地－1
京田辺市	2級地－1
大山崎町	2級地－1
久御山町	2級地－1
福知山市	3級地－1
舞鶴市	3級地－1
綾部市	3級地－1
宮津市	3級地－1
亀岡市	3級地－1
南丹市	3級地－1
木津川市	3級地－1
井手町	3級地－1
宇治田原町	3級地－1
精華町	3級地－1
大阪府	
大阪市	1級地－1
堺市	1級地－1
豊中市	1級地－1
池田市	1級地－1
吹田市	1級地－1
高槻市	1級地－1
守口市	1級地－1
枚方市	1級地－1
茨木市	1級地－1
八尾市	1級地－1
寝屋川市	1級地－1
松原市	1級地－1
大東市	1級地－1
箕面市	1級地－1
門真市	1級地－1
摂津市	1級地－1
東大阪市	1級地－1
岸和田市	1級地－2
泉大津市	1級地－2
貝塚市	1級地－2
和泉市	1級地－2
高石市	1級地－2

藤井寺市	1級地－2
四條畷市	1級地－2
交野市	1級地－2
忠岡町	1級地－2
泉佐野市	2級地－1
富田林市	2級地－1
河内長野市	2級地－1
柏原市	2級地－1
羽曳野市	2級地－1
泉南市	2級地－1
大阪狭山市	2級地－1
島本町	2級地－1
熊取町	2級地－1
田尻町	2級地－1
阪南市	3級地－1
豊能町	3級地－1
能勢町	3級地－1
岬町	3級地－1
太子町	3級地－1
河南町	3級地－1
千早赤阪村	3級地－1
兵庫県	
神戸市	1級地－1
尼崎市	1級地－1
西宮市	1級地－1
芦屋市	1級地－1
伊丹市	1級地－1
宝塚市	1級地－1
川西市	1級地－1
姫路市	1級地－2
明石市	1級地－2
加古川市	2級地－2
高砂市	2級地－2
播磨町	2級地－2
洲本市	3級地－1
相生市	3級地－1
豊岡市	3級地－1
赤穂市	3級地－1
西脇市	3級地－1
三木市	3級地－1
小野市	3級地－1
三田市	3級地－1
加西市	3級地－1
たつの市	3級地－1
猪名川町	3級地－1
稲美町	3級地－1
太子町	3級地－1
奈良県	
奈良市	2級地－1
生駒市	2級地－1
橿原市	2級地－2
大和高田市	3級地－1
大和郡山市	3級地－1
天理市	3級地－1
桜井市	3級地－1
五條市	3級地－1
御所市	3級地－1
香芝市	3級地－1
葛城市	3級地－1
宇陀市	3級地－1
平群町	3級地－1

三郷町	3級地－1	早島町	3級地－1	高知市	2級地－1	延岡市	3級地－1
斑鳩町	3級地－1	里庄町	3級地－1	**福岡県**		**鹿児島県**	
安堵町	3級地－1	矢掛町	3級地－1	北九州市	1級地－2	鹿児島市	2級地－1
川西町	3級地－1	**広島県**		福岡市	1級地－2	鹿屋市	3級地－1
三宅町	3級地－1	広島市	1級地－2	久留米市	2級地－2	枕崎市	3級地－1
田原本町	3級地－1	呉市	1級地－2	大牟田市	2級地－2	阿久根市	3級地－1
高取町	3級地－1	福山市	1級地－2	直方市	2級地－2	出水市	3級地－1
明日香村	3級地－1	府中町	1級地－1	飯塚市	2級地－2	伊佐市	3級地－1
上牧町	3級地－1	三原市	2級地－2	田川市	2級地－2	指宿市	3級地－1
王寺町	3級地－1	尾道市	2級地－2	行橋市	2級地－2	西之表市	3級地－1
広陵町	3級地－1	府中市	2級地－2	中間市	2級地－2	垂水市	3級地－1
河合町	3級地－1	大竹市	2級地－2	筑紫野市	2級地－2	薩摩川内市	3級地－1
吉野町	3級地－1	廿日市市	2級地－2	春日市	2級地－2	日置市	3級地－1
大淀町	3級地－1	海田町	2級地－2	大野城市	2級地－2	いちき串木野市	3級地－1
下市町	3級地－1	坂町	2級地－2	太宰府市	2級地－2	霧島市	3級地－1
和歌山県		竹原市	3級地－1	宗像市	2級地－2	南さつま市	3級地－1
和歌山市	2級地－1	三次市	3級地－1	古賀市	2級地－2	奄美市	3級地－1
海南市	3級地－1	庄原市	3級地－1	福津市	2級地－2	姶良市	3級地－1
橋本市	3級地－1	東広島市	3級地－1	那珂川市	2級地－2	**沖縄県**	
有田市	3級地－1	安芸高田市	3級地－1	宇美町	2級地－2	那覇市	2級地－1
御坊市	3級地－1	江田島市	3級地－1	篠栗町	2級地－2	宜野湾市	3級地－1
田辺市	3級地－1	熊野町	3級地－1	志免町	2級地－2	石垣市	3級地－1
新宮市	3級地－1	**山口県**		須恵町	2級地－2	浦添市	3級地－1
岩出市	3級地－1	下関市	2級地－1	新宮町	2級地－2	名護市	3級地－1
紀美野町	3級地－1	山口市	2級地－1	久山町	2級地－2	糸満市	3級地－1
高野町	3級地－1	宇部市	2級地－2	粕屋町	2級地－2	沖縄市	3級地－1
湯浅町	3級地－1	防府市	2級地－2	芦屋町	2級地－2	うるま市	3級地－1
美浜町	3級地－1	岩国市	2級地－2	水巻町	2級地－2	宮古島市	3級地－1
白浜町	3級地－1	周南市	2級地－2	岡垣町	2級地－2		
那智勝浦町	3級地－1	萩市	3級地－1	遠賀町	2級地－2	上記以外の市町村	3級地－2
太地町	3級地－1	下松市	3級地－1	苅田町	2級地－2		
串本町	3級地－1	光市	3級地－1	柳川市	3級地－1		
鳥取県		長門市	3級地－1	八女市	3級地－1	※　対象地域の級地は2023年度から級地の枝番（「－1」「－2」）の廃止等の見直しの検討に入ることとされています。	
鳥取市	2級地－1	柳井市	3級地－1	筑後市	3級地－1		
米子市	3級地－1	美祢市	3級地－1	大川市	3級地－1		
倉吉市	3級地－1	山陽小野田市	3級地－1	豊前市	3級地－1		
境港市	3級地－1	和木町	3級地－1	小郡市	3級地－1		
日吉津村	3級地－1	田布施町	3級地－1	朝倉市	3級地－1		
島根県		平生町	3級地－1	嘉麻市	3級地－1		
松江市	2級地－1	**徳島県**		**佐賀県**			
浜田市	3級地－1	徳島市	2級地－1	佐賀市	2級地－1		
出雲市	3級地－1	鳴門市	3級地－1	唐津市	3級地－1		
益田市	3級地－1	小松島市	3級地－1	鳥栖市	3級地－1		
大田市	3級地－1	阿南市	3級地－1	**長崎県**			
安来市	3級地－1	**香川県**		長崎市	2級地－1		
江津市	3級地－1	高松市	2級地－1	佐世保市	2級地－2		
隠岐の島町	3級地－1	丸亀市	3級地－1	西海市	2級地－2		
岡山県		坂出市	3級地－1	諫早市	3級地－1		
岡山市	1級地－2	善通寺市	3級地－1	大村市	3級地－1		
倉敷市	1級地－2	観音寺市	3級地－1	長与町	3級地－1		
玉野市	2級地－2	直島町	3級地－1	時津町	3級地－1		
津山市	3級地－1	宇多津町	3級地－1	**熊本県**			
笠岡市	3級地－1	琴平町	3級地－1	熊本市	2級地－1		
井原市	3級地－1	多度津町	3級地－1	荒尾市	2級地－2		
総社市	3級地－1	**愛媛県**		**大分県**			
高梁市	3級地－1	松山市	2級地－1	大分市	2級地－1		
新見市	3級地－1	今治市	3級地－1	別府市	2級地－1		
備前市	3級地－1	新居浜市	3級地－1	中津市	3級地－1		
瀬戸内市	3級地－1	西条市	3級地－1	**宮崎県**			
赤磐市	3級地－1	四国中央市	3級地－1	宮崎市	2級地－1		
浅口市	3級地－1	**高知県**		都城市	3級地－1		

5　生活保護の受給の流れ

生活保護を受給するには何から始めればいいの？

生活保護を受給する際の手続の流れは下記のとおりです。まずは，福祉事務所に行って，「生活保護を申請したい」との意思表示が必要です。

説明用資料36　生活保護の申請方法

生活保護の申請から利用まで

1．生活についての相談を行う（市区町村の福祉事務所等）
状況の聞き取りや，生活保護制度，利用可能な他の制度の説明が行われます。申請に必要な書類が渡されます。

2．書類を準備して申請を行う
世帯全員の預貯金の通帳や生命保険の証書など申請に必要な書類を準備します。

3．調査が行われる
生活状況，収入，資産状況等が調査されます。

4．審査が行われる
生活保護が必要か，必要であれば生活保護費の金額等が審査されます。

5．生活保護の受給可否の決定
原則として，申請から14日以内に通知が郵送されます。

6．保護が開始される
保護が決定したときには生活保護費が支給されます。また，担当のケースワーカーが定期的に自宅を訪問して自立に向けた支援・助言を行います。

第6章　生活に困窮したときの制度

6　生活保護の資産の活用

> 自動車の所有が認められないって本当？

　生活保護の申請を勧めると，「自宅に住めなくなるから」「車がどうしても必要」などの理由で，堅く拒まれることがあります。地域や家族の状況等による個別の判断が行われます。

➢ 資産調査がある

　生活保護受給には資産調査があります。資産には，土地，家屋，自動車，貴金属，預貯金などがあり，現金化して生活費に充てることのできる資産がないかの検討が行われます。処分せずに持ち続けていたほうが自立につながると判断された場合には保有が認められます。

➢ 土地・家屋の保有はできるのか

●すべて処分されるわけではない

　使用していない土地などは処分を求められることがありますが，保護の対象になっている人の居住用の家であり，処分価値が利用価値と比べて著しく大きくない場合には，そのまま住み続けることができます。ただし，ローン付きの住宅の保有は原則として認められません。地域，家族の人数などによる個別判断です。

●リバースモーゲージ

　65歳以上の高齢者のみの世帯には，要保護世帯向け不動産担保型生活資金貸付（リバースモーゲージ）の利用が検討されます。評価額がおおむね500万円以上の居住用の不動産を担保に評価額の7割（マンションは5割）を限度に貸し付けて，死亡後に不動産を処分するしくみです。引き続き自宅に住み続けることができます。

➤ 自動車の保有はできるのか

　「自動車が所有できないのであれば生活保護は利用したくない」といって，申請を諦める人が多いと聞きます。自動車を持ったり，借りたりして使うことは原則として認められませんが，「社会通念上処分が適用とされない場合」には例外的に所有が認められます。

　例外に該当するための「社会通念上処分が適用とされない場合」とは，一体どんな場合なのでしょうか。それは，次のように定まっています。

- 自動車による以外に通勤する方法が全くないか，または通勤することがきわめて困難であること
- 自動車の保有が社会的に適当と認められるとき
- 次のいずれかに該当するとき
  ①　障害者が自動車により通勤する場合
  ②　公共交通機関の利用が著しく困難な地域に居住する者等が自動車により通勤する場合
  ③　公共交通機関の利用が著しく困難な地域にある勤務先に自動車により通勤する場合
  ④　深夜勤務等の業務に従事している者が自動車により通勤する場合

　なお，②③④については次のいずれにも該当する場合に限ります。

- 世帯状況からみて，自動車による通勤がやむを得ないものであり，かつ，当該勤務が当該世帯の自立の助長に役立っていると認められること
- 住んでいる地域の自動車の普及率を勘案して，自動車を保有しない低所得世帯との均衡を失しないものであること
- 自動車の処分価値が小さく，通勤に必要な範囲の自動車と認められるものであること
- 勤務に伴う収入が自動車の維持費を大きく上回ること

参考：厚生労働省「保護の実施要領」他

　自動車の所有は，住んでいる地域の公共交通機関の状況により判断が異なります。生活を成り立たせるための自動車の保有であれば認められています。

7　生活保護より他制度優先

他の制度を利用していなければ生活保護を利用できないの？

　生活保護は，他の制度を利用しても生活することができないときに利用できる制度です。

➤ 他の法制度の活用

　生活保護法4条2項は，「扶養義務者の扶養及び他の法律に定める扶助は，すべてこの法律による保護に優先して行われるものとする」と定めています。

　本書の各章に記載したように，日本にはさまざまな制度が設けられています。生活保護はこうした他の福祉制度や社会保障制度を利用しても最低限度の生活をすることができない人のための最後のセーフティネットの制度です。

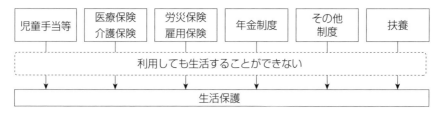

➤ 障害者のいる世帯の生活保護

　障害者のいる世帯の人であっても，世帯の収入，資産や能力の活用などの要件を満たさなければ生活保護は受けられません。障害のある本人や養育者に対して各種手当が支給される場合は，手当も生活保護上の収入になるため，世帯全員の収入と合わせた金額が最低生活費以下である必要があります。

　障害者に関する社会保険として障害基礎年金，障害厚生年金があり，社会手当として特別児童扶養手当，障害児福祉手当，児童扶養手当，特別障害者手当などがあります。受給できるのであれば請求をする必要があります。

8　生活保護と障害年金

生活保護をやめて，障害年金を受けることはできるの？

生活保護受給中の人のなかには身体や精神に障害がある人が少なくありません。障害があることで働くことができず貧困に陥る人もいるからです。

➤ 生活保護受給者が障害年金を受けるとき

生活保護を受けている人，または支援する立場の人から，障害年金の相談を受けることがよくあります。「現在，生活保護を受給しているのだが，障害年金を受けることはできないか」との内容です。

生活保護と障害年金を合わせた額を受けることはできませんが，障害年金が最低生活費以下であれば，差額分が生活保護費として支給されます。たとえば，生活保護費を月12万円受けていた人が障害基礎年金を月6.5万円受けられるようになると，生活保護費5.5万円と障害基礎年金6.5万円を受給することになります。実際には障害者加算などもあり，複雑な調整が行われるときもあります。全体としての金額が増えないのであれば，障害年金を受給したとしてもメリットがないように思うかもしれません。しかし，生活保護受給の不自由さを感じる人も多く，金額だけの問題ではないとの声をよく聞きます。

➤ 生活保護受給者の障害年金請求を考えるとき

「重い障害があるなら，すでに障害年金をもらっている」と考えてしまいそうですが，受給していない人は多いです。過去に不支給になって諦めている人もいます。

障害年金請求の難しいケースについては専門の社会保険労務士へつなぐことも1つの方法と考えます。支援者や福祉事務所と連携してサポートする機会も増えています。

Ⅲ　国民年金保険料の免除制度を活用する

国民年金保険料を納めることが困難なときに利用できる，免除制度があります。免除制度を利用することによって，将来の老後の年金の確保だけでなく，万が一障害を負ったときの障害年金や遺族年金の受給権にもつながります。未納にしている人への声かけが，その人の将来を決定します。

1　国民年金の納付義務

国民年金保険料は納めなくてはいけないの？

20歳から60歳未満の人は国民年金を納める義務があります。60歳を過ぎれば納める必要はありません。

➢ 国民年金保険料を納めるのは第1号被保険者

日本国内に住んでいる20歳以上60歳未満のすべての人は，国民年金制度に加入します。第1号被保険者，第2号被保険者，第3号被保険者に分かれており，実際に国民年金保険料を納付しなければならないのは，第1号被保険者です。厚生年金に入っている会社員や公務員（第2号被保険者）と，扶養されている配偶者（第3号被保険者）は，個別に国民年金保険料を納める必要はありません。加入している厚生年金保険から国民年金へまとめて保険料を納めているからです（90頁）。

➢ 国民年金保険料の額

国民年金保険料の金額は，毎年度変わります。法定の保険料は17,000円と決まっており，この金額に保険料改定率を掛けることによって，その年度の国民年金保険料の額が決まります。

➢ 国民年金保険料の納付方法

第1号被保険者に対して，日本年金機構から保険料の納付書が送られてきます。納付期限は翌月末日です。たとえば，4月分の保険料は5月31日までに納める必要があります。

送られてきた納付書により毎月現金で保険料を納める方法だけでなく，自動的に金融機関の通帳から引き落とす方法もあります。また，一定期間分をまとめて前払いする「前納」があり，1カ月，6カ月，1年，2年を選べます。

まとめる期間が長いほど割引率が高くなります。たとえば，2年前納は，一度に約40万円を支払う必要がありますが，毎月支払うよりも2年間で約15,000円の割引です。また，1カ月の前納のイメージがしにくいかもしれませんが，たとえば，4月分の保険料を4月末までに口座引落しで支払うことにより，保険料が1カ月当たり50円安くなります。「早割」と呼ばれています。

●国民年金保険料の過去の推移

	国民年金保険料	算出式
平成31年度	16,410円	17,000円 × 0.965
令和2年度	16,540円	17,000円 × 0.973
令和3年度	16,610円	17,000円 × 0.977
令和4年度	16,590円	17,000円 × 0.976
令和5年度	16,520円	17,000円 × 0.972

●前納制度の割引率

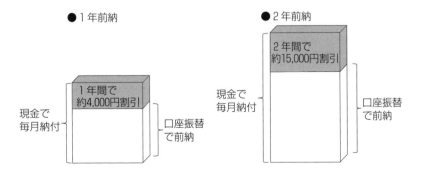

●1年前納　　　　　　　　　　　●2年前納

2年間で約15,000円割引

1年間で約4,000円割引

現金で毎月納付　　　　口座振替で前納

現金で毎月納付　　　　口座振替で前納

2　申請免除・納付猶予・学生納付特例

> お金がなくて国民年金保険料を払えないときは？

　　失業や病気，ケガなどによる経済的な理由により，国民年金保険料を支払うことが難しいときに利用できる制度として，免除や納付猶予があります。

➤ 申請免除と納付猶予

　前年の世帯の所得が一定額以下のときに，申請すれば保険料の全額または一部が免除されます。免除には，全額免除，4分の3免除，半額免除，4分の1免除があり，所得に応じて利用できる免除が決まります。

　納付猶予は，本人と配偶者の所得が一定額以下のときに，申請により保険料の納付が猶予される制度で，50歳未満の人が対象です（2030年6月まで）。

　大学や専門学校などに通う学生には「学生納付特例」があります。本人の所得が一定額以下であれば，保険料を納めずに済みます。

　2019年4月からは，産前産後期間の保険料の免除となりました。免除の期間は，出産予定日または出産日のある月の前月から4カ月間であり，多胎妊娠のときは，出産予定日または出産日のある月の3カ月前から6カ月間です。その期間は保険料が納められたものとみなされます。

➤ 免除と未納とは大違い

　免除や納付猶予された期間は，年金受給資格期間に算入されます。免除の期間は将来の老齢基礎年金の年金額にも反映されます。一方，申請手続をせずに，保険料を納めずにいると，「未納期間」になります。未納期間は年金を受けるための年金受給資格期間にならず，老後の年金や障害年金，遺族年金を受けられない事態に陥ることもあります。

　保険料を納められない状況の人がいれば，免除制度の申請を勧めます。相談窓口は市区町村の国民年金担当課，年金事務所です。

◆説明用資料37　国民年金保険料の免除・納付猶予

国民年金保険料を納められないとき（免除制度）

➢ 免除と未納の違い

未納のままにしておくと将来の年金が受けられなくなることがあります。

	老齢年金		障害・遺族年金
	受給資格期間 への算入	年金額への反映	受給資格期間 への算入
納付	○　算入される	○　反映される	○　算入される
免除	○　算入される	○　反映される	○　算入される
納付猶予 学生特例	○　算入される	×　反映されない	○　算入される
未納	×　算入されない	×　反映されない	×　算入されない

➢ 免除の申請方法

申請書に記載して提出するだけなので簡単です。郵送も可能です。
相談窓口は市区町村の国民年金担当課，年金事務所です。

【国民年金保険料免除・納付猶予申請書】

3　法定免除と障害年金

> 障害年金を受けていると保険料を納める
> 必要がないの？

　生活保護（生活扶助）受給者，２級以上の障害年金を受けている人は，法
的に当然に国民年金保険料が免除される「法定免除」が適用されます。この
制度を利用したほうがよいかどうかについては，相談が多いところです。

➤ 法定免除であっても保険料納付は可能

　60歳未満の第１号被保険者が障害基礎年金を受給できるようになると，国民
年金保険料の法定免除の対象になります。つまり，届出をするだけで保険料を
納める必要がなくなります。免除を受けた期間は，保険料全額を納めたときの
老齢基礎年金の年金額の２分の１の年金額になります。

　一方で，申出により保険料を納めることもできます。納めれば老齢基礎年金
額が２分の１に減額されることはありません。

➤ 老齢基礎年金と障害基礎年金は両方受けることができない

　２級以上の障害年金を受給することになった際には，保険料を免除するか，
納付すべきかを考える必要があります。ここで知っておきたいのは，「老齢基
礎年金と障害基礎年金は両方受けることができない」ことです。

　保険料を納めれば，65歳から受給する老齢基礎年金の額は，免除制度を利用
したときより多くなりますが，その時点で障害基礎年金を受給することができ
るのであれば，障害基礎年金を受給するほうが有利になることが多いです。つ
まり，老齢基礎年金は受給しないことになるため，せっかく支払ってきた保険
料がムダになる可能性があるのです。

　このような選択が必要になるのは，老齢基礎年金を受給する年齢になったと
きに，障害基礎年金が受給できる場合です。もしも障害状態がよくなり障害基
礎年金を受給していなければ，受給するのは老齢基礎年金です。そのため「将

来のことを考え，保険料を納めておくべきか」との質問が多く寄せられます。

　これは，実のところ正解がありません。それぞれの状況によって全く異なるからです。極端な話でいえば，65歳になったときに2級以上の障害基礎年金を受給できる確証があり，それが続く状況であるのであれば，免除のままでよいと思われます。しかし，障害の状態や年金制度のしくみ自体が変わる可能性もあるため，確証を持つのは困難です。その家庭の財務状況にもよります。先の見えない将来への保険として支払っておく人もいます。

　障害年金を受け始めた年齢，障害の状態等によっても考えが異なります。次頁には，納付したときと免除されたときの違いを年代別に図解しました。国民年金保険料は60歳まで納付する必要があるので，60歳までどのくらいの期間があるのかによっても，判断が違ってくると思います。老齢基礎年金の「振替加算額」は考慮していませんので，受給できる人はそれも含めた検討が必要です。

➢ 免除か納付か―考える視点

　上記とあわせて，次のような項目を勘案すると決めやすいと思います。

●65歳時点で障害年金を受給している可能性

　その障害が症状固定性の高いものなのか？　たとえば，手の切断により障害基礎年金を受給しているのであれば，その状態は変わることはないので，65歳時点でも障害基礎年金を受給していることが予測できます。

●年間約20万円の国民年金保険料を支払うことは可能か

　家計が大変なのであれば，余裕ができたときに追納する方法もあります。

　上記は現在の年金制度が継続することが前提であり，年金制度のしくみが大きく変更になる場合には，違う視点が必要となる可能性もあります。

> 追納とは年金保険料の申請免除・納付猶予・学生納付特例を受けた期間から10年以内であれば保険料を遡って納めることができる制度です。

年金制度は改正が多い制度なので，その点も気になるところです。

　これまでアドバイスをしてきたなかで「とりあえず免除にしておく」人が多かったように思います。将来，障害状態がよくなったときには，その時点で追納も含めて考えるという選択です。将来のことが見えないなか，「その都度判断していく」とすることも1つの選択肢でしょう。

第6章　生活に困窮したときの制度

◆説明用資料38　国民年金保険料の免除と障害年金

障害年金受給時の国民年金保険料の法定免除

> ### 国民年金保険料の法定免除

　60歳未満の第1号被保険者が障害基礎年金を受給できるようになると，法定免除の届出により保険料を納める必要がなくなります。免除を受けた期間は，保険料全額を納めたときの老齢基礎年金の2分の1の年金額になります。一方で，申し出により保険料を納めることもできます。納めれば老齢基礎年金の年金額が2分の1に減額されることはありません。

> ### 老齢基礎年金と障害基礎年金は両方受けることができない

　障害基礎年金と老齢基礎年金は同時期に両方を受けることができず，どちらかを選びます。障害基礎年金を選んだとき，老齢基礎年金は受給しないことになるので，支払ってきた保険料がムダになる可能性があります。

　もし障害状態がよくなり障害基礎年金が受給できない状態になれば，受給する年金は老齢基礎年金です。そのため将来のことを考え，保険料を納めておいたほうがよいのかを考える必要があります。

　比較図を参考にしてください（2022年度金額）。

【現在20歳のとき】

● 60歳までの40年間の保険料を納付したとき

● 60歳までの40年間の保険料を免除したとき

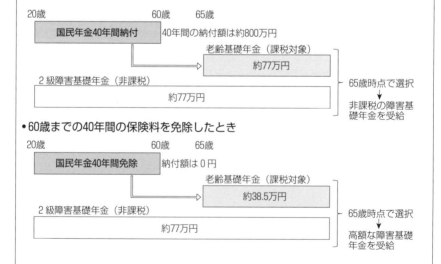

【現在30歳のとき】 ※30歳までの10年間は納付済期間とします。

● 60歳までの30年間の保険料を納付したとき

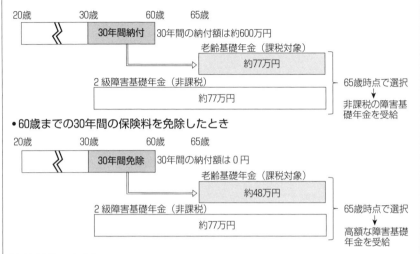

● 60歳までの30年間の保険料を免除したとき

【現在50歳のとき】 ※50歳までの30年間は納付済期間とします。

● 60歳までの10年間の保険料を納付したとき

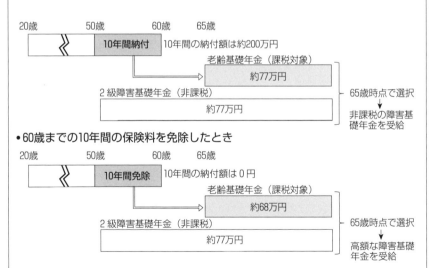

● 60歳までの10年間の保険料を免除したとき

索　引

【著者紹介】

脇　美由紀（わき　みゆき）

特定社会保険労務士，社会福祉士，精神保健福祉士。中央大学法学部卒業。早稲田大学大学院法学研究科修了。地方銀行および社会福祉協議会勤務を経て，2006年に社会保険労務士事務所を設立。年金業務を専門にし，医療機関等と連携して障害年金に力を入れている。金融機関，社労士会，患者会等での相談会やセミナー経験多数あり。著書に『実務に役立つ被用者年金一元化法の詳解』（ビジネス教育出版社，2016年），『病気やケガで働けなくなったときに知っておきたい制度とお金』（ビジネス教育出版社，2018年）ほか，新聞，コラム等多数。

医療・福祉担当者，利用者の素朴な疑問にこたえる

年金・社会保障ガイド

2022年8月15日　第1版第1刷発行

著　者	脇　　美　由　紀
発行者	山　本　　　継
発行所	㈱中央経済社
発売元	㈱中央経済グループ パブリッシング

〒101-0051　東京都千代田区神田神保町1-31-2
電話　03（3293）3371（編集代表）
　　　03（3293）3381（営業代表）
https://www.chuokeizai.co.jp
印刷／文唱堂印刷㈱
製本／㈲井上製本所

©2022
Printed in Japan

＊頁の「欠落」や「順序違い」などがありましたらお取り替えいたしますので発売元までご送付ください。（送料小社負担）
ISBN978-4-502-43561-4 C2034

社会保険労務六法

全国社会保険労務士会連合会 ［編］

社会保険制度や労働・福祉制度の大変革が進むなかで，これら業務に関連する重要な法律・政令・規則・告示を使いやすい2分冊で編集。社会保険労務士をはじめ企業の社会保険担当者，官庁，社会福祉，労働・労務管理・労使関係などに携わる方，社会保険労務士受験者の必携書

毎年 好評 発売

■主な内容■

第1分冊

社会保険関係法規 ■健康保険関係＝健康保険法／同施行令／同施行規則他 厚生年金保険関係＝厚生年金保険法／同施行令／同施行規則他 船員保険関係＝船員保険法／同施行令／同施行規則他 国民健康保険関係＝国民健康保険法／同施行令／同施行規則他 国民年金関係＝国民年金法／同施行令／同施行規則他 社会保険関係参考法規＝確定拠出年金法／確定給付企業年金法／日本年金機構法他

第2分冊

社会保険関係法規 ■児童手当及び高齢者福祉関係＝子ども手当関係法令／高齢者の医療の確保に関する法律／介護保険法他

労働関係法規 ■労政関係＝労働組合法／労働関係調整法他 労働基準関係＝労働基準法／同施行規則／労働契約法／労働時間設定改善法／労働安全衛生法／雇用均等機法他 職業安定関係＝労働施策総合推進法／職業安定法／労働者派遣法／高年齢者等雇用安定法／障害者雇用促進法他 労働保険関係＝労働者災害補償保険法／雇用保険法／労働保険の保険料の徴収等に関する法律他 個別労働紛争解決関係＝民法（抄）／民事訴訟法（抄）／個別労働関係紛争解決促進法／裁判外紛争解決手続の利用の促進に関する法律／労働審判法他 労働関係参考法規＝労働保険審査官及び労働保険審査会法／行政不服審査法他

社会保険労務士関係法規 ■社会保険労務士法他

中央経済社